LA DIGITAL
PUBLICATIONS

LA Digital Publications presents *Russian III: Reading and Vocabulary Practicum* for children.

WHAT IS THIS PROGRAM ABOUT? This is volume III of the first structured reading program in Russian spanning across 87 levels of progressive complexity. *Russian III* is the **master** volume of the program comprising 30 levels called "modules." Each module consists of a text accompanied by multi-leveled questions targeting comprehension as well as word-study and vocabulary. In this volume, children will learn to read complex texts discussing fascinating facts about history, social studies, and science. They will impress you not only with their reading skills but also with some thorough knowledge about various phenomena or facts, such as the daily routine of prehistoric people or the building of the Egyptian pyramids.

WHO IS THIS VOLUME FOR? This master-level set of 23 modules is designed for children who have completed volume II. It is also suitable for those who can read some longer texts (1.5-2-page long) with more complex sentence patterns and varied vocabulary and wish to continue mastering their reading, vocabulary, and comprehension skills.

HOW DOES THIS PROGRAM WORK? This program is based on a readability formula developed specifically for the Russian language. Each volume begins with simpler texts and shorter sentences as well as easier high frequency words. The texts become increasingly more complex, with new vocabulary and syntax structures gradually being added.

WHAT WILL YOUR CHILD LEARN BY COMPLETING VOLUME III? By the end of Part 3 of this volume, children will recognize a larger core of content-specific words as well as a greater variety of syntax patterns. They will continue reading informational texts with sequential patters as well as longer narrative texts.

RECOMMENDED METHOD OF READING: We recommend that your child covers a module a day, 3 times a week, for 30 minutes daily. Depending on your child's confidence in reading, a parent's or tutor's help may be necessary, with an overall goal that your child could progress to the point of completing each module independently. By the end of this 6-week course, your child will grow to become a more confident and independent reader.

This is volume III of III in the series of Russian reading and vocabulary practicums.

Уровень 1

Модуль 1.1

Почему мы стоим на земле, а не парим в небе, как воздушный шарик? Почему, если выпустить из рук любой предмет, он полетит вниз, а не вверх? Всё это происходит благодаря особой силе, которая называется гравитация.

Гравитация — это сила притяжения предметов друг к другу. Чем тяжелее предмет — тем с большей силой он притягивает к себе другие предметы. Мы живём на планете Земля, которая намного больше, чем все другие предметы вокруг нас. Потому и гравитационная сила Земли намного мощнее. По этой причине всё, что нас окружает в обычной жизни, находится в поле притяжения Земли и не улетает в космос.

Первым законы гравитации обнаружил, понял и сформулировал английский учёный Исаак Ньютон. Существует популярная легенда, согласно которой учёный сидел под яблоней, и яблоко упало прямо ему на голову. Он вскрикнул от боли и в этот самый момент осознал, почему яблоко последовало вниз, а не взмыло в небо.

Ньютон открыл гравитацию во второй половине 17 века. Тогда о космических полётах ещё никто даже не задумывался. Зато в будущем многие труды Ньютона помогли учёным создать ракеты и полететь в космос.

Конечно, открытие закона гравитации не единственная заслуга Ньютона. В университете он изучал математику, а позже внёс огромный вклад в развитие этой науки. Он занимался сложными вычислениями и экспериментами. Результаты всех своих работ Ньютон опубликовал в книге «Математические начала натуральной философии».

Самое популярное практическое изобретение Ньютона — зеркальный телескоп. До него в телескопах использовали стеклянные линзы. Из-за особенностей преломления света изображение в них получалось нечётким. Изучая оптику — науку о свете — Ньютон пришел к выводу, что, если линзы заменить на зеркала, изображение в телескопе будет гораздо чётче и яснее. Он применил своё предположение на практике. Результат действительно получился таким, каким и ожидался.

Это открытие Ньютона до сих пор используют при производстве телескопов. Даже знаменитый космический телескоп Хаббл построен с использованием зеркал.

Говорят, что в студенческие годы в Кембриджском университете Ньютон не особо выделялся среди студентов. Правда, скорее всего это было из-за его затворнического характера. Спустя четыре года после поступления Ньютону пришлось временно вернуться домой. В Англии бушевала чума, поэтому университетам пришлось остановить занятия. Именно в то время, когда он вынужденно находился дома, Ньютон и сделал историческое открытие о силе гравитации.

После окончания университета Ньютон несколько лет преподавал там же математику. Помимо этого, он служил в Королевском монетном дворе, в британском парламенте и, конечно же, продолжал издавать труды по математике и физике. Его работы стали основой современной науки и до сих пор помогают учёным создавать новые приборы и делать новые открытия.

1. О чём говорится в тексте?

- О том, как устроена Солнечная система.
- О жизни и открытиях великого учёного Исаака Ньютона.

2. Какая легенда описывает открытие гравитации Ньютоном?

- Легенда о том, как Ньютону на голову упало яблоко.
- Легенда о том, как Ньютон построил телескоп.

3. Как Ньютон усовершенствовал телескопы?

- Он стал производить электронные телескопы.
- Он стал использовать в телескопах зеркала вместо стёкол, благодаря чему изображения стали получаться более чёткими.

4. Помимо физики и астрономии, в развитие какой науки Ньютон внёс огромный вклад?

- в микробиологию
- в математику

5. Чем можно заменить слово «парим» в предложении «Почему мы стоим на земле, а не **парим** в небе, как воздушный шарик»?

- летаем
- сидим

6. Какой вариант **противоположен** по значению к слову **«затворнического»** в предложении «Правда, скорее всего это было из-за его **затворнического** характера»?

- замкнутого
- общительного

7. Вставьте пропущенные слова.

крошечное   витать   решение

- Александру было непросто принять ____________ о покупке нового дома.
- На ветке возле моего окна колибри свила ____________ гнёздышко.
- Я пытался сосредоточиться, но вместо этого продолжал ___________ в облаках.

Модуль 1.2

Однажды королева Великобритании Елизавета II отправилась в Шотландию на отдых. Во время одной из прогулок ей повстречались туристы. Они не поняли, что перед ними настоящая королева и поинтересовались у неё, не знает ли она, где живёт Елизавета II. Королева решила не объяснять туристам, кто она такая, и ответила, что у Елизаветы есть дом неподалеку. Тогда туристы спросили:

— А вы когда-нибудь встречали Елизавету II?

Надо сказать, что королева была всем известна своим великолепным чувством юмора. Поэтому, даже не задумываясь, она указала на своего телохранителя и ответила:

— Я никогда, а вот он встречал!

Елизавета стала королевой почти семьдесят лет назад. До неё ни один британский монарх не правил страной так долго. И хотя члены королевской семьи Британии больше официально не управляют страной, Елизавету II всё равно почитали как символ английского королевства.

Несмотря на свой почтенный возраст, в последние годы жизни королева продолжала быть весьма активной. В 2019 году она даже завела себе профиль на Инстаграме и опубликовала первый пост!

Елизавета II была большая любительница животных. Зная это, ей иногда присылали экзотических животных в подарок из разных стран. В последние годы у неё был слон, две гигантские черепахи, ягуар и пара ленивцев. Нужно заметить, что королева относилась к животным очень ответственно. Она знала, что дикие животные не могут жить в доме, даже в таком большом, как Букингемский дворец. Поэтому всех подаренных животных переселяли в Лондонский зоопарк, где за ними ухаживали профессионально обученные люди.

А вот во дворце жили любимые собаки Елизаветы. Королева была большая любительница породы корги, а её сестра Маргарет держала таксу. Однажды у одной из корги королевы и таксы принцессы Маргарет родились щенята. Щенята получились невероятно милые. Новую породу назвали «дорги». Теперь дорги известны во всём мире.

А вы знаете, что королева была единственным человеком во всей Великобритании, кому полиция разрешала ездить без водительских прав? И, несмотря на свой преклонный возраст, королева продолжала иногда водить машину.

А ещё у королевы было два дня рождения. Её настоящий день рождения — 21 апреля — день, когда королева появилась на свет. А второй, официальный день рождения, отмечали в одну из суббот июня. День выбирали исходя из прогноза погоды. Погода должна была быть ясной, потому что в этот день устраивали специальный парад. В Лондон съезжались люди со всей Великобритании и даже из других стран, чтобы посмотреть на королеву Елизавету в день её рождения.

Королева Елизавета ушла из жизни 8 сентября 2022 года. Ей было 96 лет, 70 из которых она провела на престоле.

1. О чём говорится в тексте?

- О том, как вывели породу дорги.
- О королеве Великобритании Елизавете II.

2. Управляла ли королева Елизавета II британским королевством?

- Нет, но Елизавету II почитали как символ королевства.
- Да, Елизавета II управляла внутренними и внешними делами королевства.

3. Как королева Елизавета II распоряжалась судьбой подаренных животных?

- Елизавета II направляла подаренных животных в зоопарк, чтобы за ними ухаживали профессионалы.
- Елизавета II оставляла животных жить вместе с ней в своём дворце.

4. Как появилась порода дорги?

- Дорги вывели в специальной лаборатории по заказу королевы Елизаветы II.
- Дорги впервые появились, когда у одной из корги королевы и таксы принцессы Маргарет появились щенята.

5. Чем можно заменить слово «монарх» в предложении «До неё ни один британский **монарх** не правил страной так долго»?

- вид бабочки

- правитель

6. Какой вариант **противоположен** по значению к слову **«активную»** в предложении «Несмотря на свой возраст, королева ведет очень **активную** жизнь»?

- спокойную
- бурную

7. Вставьте пропущенные слова.

уникальное   последовал   сочные

- В штатах Айдахо и Оклахома было замечено ___________ природное явление — вспышки молний на фоне радуги во время грозы.
- В саду на персиковых деревьях созрели ___________ плоды.
- Мой брат ___________ моему примеру и пошёл учиться на юриста.

Модуль 1.3

Лучи утреннего солнца будили спящего мальчика. Вчера он очень устал и просыпаться с первыми лучами совершенно не хотелось. Мальчик потянул было на себя пятнистую шкуру, чтобы спрятаться от солнца, как почувствовал, будто его окатили холодной водой.

Мальчик подскочил и оглянулся. Спал он не в хижине и даже не в пещере, а под раскидистым кустом. То, что он спросонья принял за шкуру, оказалось покрытая утренней росой ветка.

Мальчик окончательно проснулся. Теперь он вспомнил, что дома у него больше нет. Два дня назад всё его племя бежало из поселения, которое оказалось на пути стремительного лесного пожара. Пламя охватывало всё с такой скоростью, что людям даже не удалось спасти немногие свои пожитки. Два дня они блуждали в поисках нового места поселения и вот вчера вечером остановились на этой поляне.

Мальчик осмотрелся. Некоторые взрослые уже принялись за работу. Они собирали в центре поляны кости и бивни мамонтов, найденные по дороге, а также шкуры зверей, которые удалось спасти от пожара. Из этих материалов будут строить новые хижины.

Мама мальчика сидела неподалеку и чинила одну из шкур. Заметив, что он проснулся, мама попросила его сходить в лес и поискать еды. Ходить в лес мальчик любил, поэтому немедленно побежал собираться. Он обмотал вокруг стоп тонкую кожу, а вместо подошв привязал к ней солому. Так мальчик мог уберечь свои ноги от острых камней и колючек. Себя он тоже обмотал мягкой шкурой. Эту шкуру папа мальчика долгими зимними вечерами мял зубами специально для него. Мальчик не знал, кто придумал обрабатывать кожу диких зверей зубами, но от её мягкого прикосновения ему становилось менее тревожно.

Захватив с собой кожаную суму, мальчик побежал вглубь леса. В это время года ягоды и фрукты можно было найти почти на каждом шагу. Первую ягодку мальчик закинул в рот, но остальные прилежно складывал в суму. На глаза ему попались какие-то странные фрукты. Таких мальчик раньше не видел, поэтому решил собрать несколько штук, чтобы взрослые решили, можно ли их есть.

Собирая фрукты, он наткнулся на молодое дерево и не поверил своим глазам. На нижней ветке дерева расположилось гнездо, а в нём — несколько яиц. Такая удача! Мальчик бережно вытащил яйца из гнезда и осторожно сложил их в суму. Завтрак сегодня будет на славу!

Вернувшись к семье, мальчик показал им свои находки. Далее вместе с младшим братом он стал разводить костёр из сухих веток и травы. Когда пламя занялось, мальчик положил на него плоский камень, подождал, пока тот нагрелся, а потом разбил на него яйца. Использовать орудия из камня в домашних делах и для охоты было весьма удобно.

Завтрак получился вкусный и сытный. Во время еды папа рассказал, что за утро они закончили копать охотничьи ямы и даже накрыли их листьями. Теперь все ждали, когда в яму попадёт какое-нибудь крупное животное, например, мамонт. Правда, пока животные в округе не появлялись, поэтому было решено отправиться на рыбалку.

Мальчик тут же попросил взять его с собой. Копать ямы и участвовать в охоте ему пока не разрешали, объясняя, что он ещё маленький для этого. А вот на рыбалку папа согласился его взять. Мальчик побежал доставать рыболовную сеть. Плести сети из особой плотной травы научила его бабушка, и эту сеть он сам вынес из старой хижины во время пожара.

Улов получился небольшой, поэтому ужин был лёгким и закончился очень быстро. Мальчик подумал, что это не беда. Завтра он пойдет опять в лес и наберет этих странных фруктов, которые оказались съедобными.

На поляне развели большой костёр, и всё племя собралось вокруг него. Обычно после ужина устраивали пляски, но сегодня все устали. В первый день на новом месте всем пришлось здорово потрудиться. Бабушка, вокруг которой собралась детвора, завела старинную рыбацкую историю. Мальчик слушал её вполуха, а сам размышлял о том, что, если сплести более плотную рыбацкую сеть, то в неё будет попадаться не только крупная рыба, но и мелкая рыбёшка. Он закрыл глаза и сам не заметил, как уснул под мерный голос бабушки.

Во сне он стоял на берегу реки, а в руках у него была новая плотная сеть. Мальчик закинул её в реку и потащил. Сеть шла с трудом, и мальчик подумал, что ему попалось очень много рыбы. Но когда он вытащил сеть на берег, в ней оказался огромный мамонт!

1. О чём говорится в тексте?

- Об одном дне из жизни мальчика из первобытных времён.
- О том, как первобытные люди охотились на мамонтов.

2. Почему мальчик и его сородичи бежали из своего поселения?

- Потому что поселение затопило после сезона обильных дождей.
- Потому что поселение сгорело во время сильного лесного пожара.

3. Как в поселении мальчика было принято обрабатывать кожу зверей, для того чтобы её можно было носить?

- Кожу мяли зубами, чтобы она стала мягкая.
- Кожу замачивали в воде и высушивали на костре.

4. Какие развлечения часто устраивало племя мальчика после ужина?

- Они рисовали сцены охоты на стенах пещеры.
- Они часто устраивали пляски вокруг костра после ужина.

5. Чем можно заменить слово «вполуха» в предложении «Мальчик слушал её **вполуха**, а сам размышлял о том, что, если сплести более плотную рыбацкую сеть, то в неё будет попадаться не только крупная рыба, но и мелкая рыбёшка»?

- подозрительно
- невнимательно

6. Какой вариант **противоположен** по значению к слову «**бережно**» в предложении «Мальчик **бережно** вытащил яйца из гнезда и осторожно сложил их в сумку. Завтрак сегодня будет на славу»?

- грубо
- осторожно

7. Вставьте пропущенные слова.
пожелал   утомительной   сомневаемся

- Дорога в соседний город оказалась долгой и ___________.
- Мимо проходил директор школы и ___________нам прекрасного дня.
- Часто мы читаем информацию в Интернете и ___________ в её правдивости.

Модуль 1.4

В супермаркете Лизе не терпелось дойти до овощного отдела, и она подгоняла маму, которая почему-то не очень спешила и подолгу останавливалась у разных прилавков.

— Мама, вот они разноцветные морковки, которые мне так хочется попробовать со вчерашнего дня, — заявила Лиза.
— Ой, и правда разноцветные! До чего дошла наука! — удивлённо заявила мама, разглядывая жёлтую, белую и даже фиолетовую морковь.
— Наука тут ни при чём! — возразила Лиза. — В дикой природе морковь редко встречается оранжевого цвета. Ты когда-нибудь слышала про Уильяма Оранжского?
— Кажется, это был король такой, — ответила мама.

— Именно, — подтвердила Лиза. — Голландский король.

Давным-давно, когда люди ещё не умели выращивать морковь на полях, они собирали её в природе, дикорастущую. В те далекие времена людям чаще всего попадалась морковь с белыми корнеплодами. На вкус она была жёсткая и совершенно невкусная. Казалось, что жуёшь кусок дерева.

Со временем люди научились выращивать морковь в хозяйстве. Корнеплоды у такой морковки были по-прежнему белые, но люди чаще использовали в пищу не их, а листья, которые растут над землей. Правда, корнеплоды они тоже время от времени ели. Иногда им попадалась морковь, которая была не такой уж горькой. Тогда люди старались сажать семена именно такой, более вкусной, моркови. Корнеплоды у моркови в те времена по-прежнему чаще всего бывали белые, но иногда можно было встретить жёлтую и фиолетовую морковь, и уж совсем редко оранжевую.

Так прошло несколько столетий. А в 16 веке в Голландии появился новый король Уильям по фамилии Оранжский. В переводе с голландского «Оранжский» как раз означало оранжевый цвет. Король Уильям возглавил свою страну во время войны с Испанией, которая длилась уже целых 80 лет. Под его предводительством Голландии удалось выйти победительницей и стать наконец независимым государством. Чтобы выразить свою благодарность Уильяму, голландцы объявили оранжевый национальным цветом. Они красили дома в оранжевый цвет, посадили огромное количество апельсиновых деревьев и ещё долго праздновали независимость.

Некоторые люди считают, что именно тогда в честь Уильяма Оранжского голландцы и вывели оранжевый сорт моркови. На самом деле это не так. Оранжевая морковь и раньше встречалась в природе, просто не так часто. А вот в голландском климате она хорошо росла и давала отличный урожай. По этой причине после победы над Испанией голландцы стали выращивать её в большом количестве и даже продавать в соседние страны.

— Какая интересная история! — сказала мама, когда Лиза закончила свой рассказ. — А ты знаешь, откуда оранжевая морковка получает свой цвет?

Лиза отрицательно покачала головой.

— Это из-за витамина А, — объяснила мама. — Он очень полезен для иммунитета, здоровья глаз и роста. Поэтому детям говорят: «Если хочешь вырасти, ешь много морковки».

— А вы знаете, — вступила в разговор стоящая у лотка с овощами продавщица, — что морковь других цветов тоже очень полезна? Например, фиолетовая содержит вещества, которые поддерживают наше сердце.

Узнав об этом, мама и Лиза решили, что отныне будут покупать морковь всех цветов.

1. О чём говорится в тексте?

- О том, как правильно выращивать морковь.
- О разных сортах моркови и истории их появления.

2. Каких цветов встречается морковь в дикой природе?

- Жёлтого, белого и фиолетового.
- Жёлтого, белого, фиолетового и оранжевого.

3. В чём заслуга Уильяма Оранжского?

- Он вывел Голландию победительницей в войне с Испанией.
- Он вывел оранжевую морковь.

4. Что делает оранжевую морковь оранжевой?

- особый климат Голландии
- витамин А

5. Чем можно заменить слово «предводительством» в предложении «Под его **предводительством** Голландии удалось выйти победительницей и стать наконец независимым государством»?

- руководством
- высочеством

6. Какой вариант **противоположен** по значению к слову **«независимым»** в предложении «Под его предводительством Голландии удалось выйти победительницей и стать наконец **независимым** государством»?

- свободным
- подчинённым

7. Вставьте пропущенные слова.

игриво   бодрит   запутанными

- Котёнок выгнул спину и __________ подпрыгнул.
- Правила игры оказались несколько __________.
- Мама утверждает, что кофе __________ её по утрам.

Модуль 1.5

«Хьюстон, говорит База Спокойствия. «Орёл» сел»! Именно такими были первые слова, которые прозвучали на Луне. Произнёс их великий астронавт Нил Армстронг — первый человек на Луне.

16 июля 1969 года космический корабль «Аполлон-11» стартовал с базы на мысе Кеннеди в штате Флорида, США. Пунктом назначения корабля была Луна. На борту находилось трое астронавтов — Нил Армстронг, Майкл Коллинз и Эдвин Олдрин по прозвищу Базз. Им предстояла очень серьезная миссия.

Первое путешествие человека в космос состоялось 12 апреля 1961 года, за восемь лет до полёта «Аполлона-11». Тогда космонавт Юрий Гагарин облетел Землю по орбите за 108 минут. Перед командой «Аполлона-11» стояла новая задача. Они должны были посадить ракету на поверхности Луны. Ещё несколько лет назад никто не мог и подумать, что это станет возможным.

Когда ракета вошла в орбиту Луны, от неё отделился модуль под названием «Орёл». Именно в нём и находились двое из астронавтов — Армстронг и Олдрин (Коллинз остался ждать их на корабле «Аполлон-11»). У них был только один шанс посадить модуль на поверхность Луны: совершив аварийную посадку, что было опасно. Конечно, ещё можно было отменить посадку и, облетев Луну по орбите, вернуться назад на Землю. Но Армстронг и его команда не собирались сдаваться.

20 июля, после четырёхдневного путешествия в космосе, «Орёл» сел на поверхность Луны. 650 миллионов человек у экранов телевизоров по всему миру смотрели, как капитан Армстронг делал первые шаги на Луне. Никто даже не подозревал, сколько опасностей и неожиданных проблем возникло у астронавтов и центра управления полётами в Хьюстоне при посадке. Всё это время и в космосе, и на Земле напряжённо работали люди, чтобы устранить все неполадки и сохранить жизнь астронавтам.

Когда до поверхности Луны оставалось 30000 футов, на борту модуля «Орёл» прозвучала тревога. Ни Армстронг, ни его команда не знали, что означает этот код. Никто из них не сталкивался с такой проблемой во время тренировок. Астронавты связались с Хьюстоном, но те рекомендовали не обращать внимания на ошибку и просто продолжать полёт. Оказалось, этот код означал, что центральный компьютер, управляющий модулем, был перегружен и поэтому начал выдавать ошибку. В итоге Армстронгу пришлось взять на себя ручное управление спуском. 20 июля 1969 года ровно в 15:17:40 по Хьюстону «Орёл» прилунился.

Несмотря на то, что первая часть миссии прошла успешно, возвращение астронавтов домой было под угрозой. После прогулки по лунной поверхности, которая длилась два с половиной часа, Армстронг и Олдрин вернулись на борт модуля «Орёл». Никто не знает, как это произошло, но астронавты обнаружили, что на панели управления не хватало одного рычага. Он был сломан и лежал на полу в небольшой кучке лунной пыли.
Это был рычаг, который должен был запустить «Орёл» обратно на орбиту. Пока Армстронг и Олдрин отдыхали на борту корабля, в центре управления полётами пытались найти решение этой проблемы, но так и не смогли ничего придумать.

После короткого сна Армстронг снова посмотрел на панель управления. Он заметил, что кончик рычага всё ещё был на месте. Если бы на него удалось нажать, система заработала бы. К сожалению, отверстие, в котором прятался кончик рычага, было слишком маленьким даже для мизинца. Тогда Армстронг попробовал нажать на рычаг при помощи тонкого кончика шариковой ручки. До сих пор кажется невероятным, но это сработало! Модуль «Орёл» был вновь готов к запуску для стыковки с «Аполлоном-11», который бы направился вместе с астронавтами домой.

Когда «Аполлон-11» благополучно опустился в воды Тихого океана, вся планета выдохнула с облегчением. Астронавты были дома. На самом деле это был ещё не конец. Учёные не знали, каких космических микробов и вирусов астронавты могли невольно подхватить на Луне и привезти с собой на Землю. Поэтому после приземления, соблюдая все предосторожности, астронавты отправились в специальную лабораторию, где учёные провели множество анализов. Астронавтам повезло — никаких опасных микробов и вирусов в их организмах обнаружено не было.

20 августа 1969 года, через месяц после запуска Аполлона 11, вся команда вновь вернулась к обычной жизни. Их путешествие было полно опасностей, но они мужественно с ними справились, открыв новый этап в изучении космоса.

1. О чём говорится в тексте?

- О первом полёте на Луну.
- О первом погружении на дно океана.

2. Кто и как починил модуль «Орёл»?

- Нил Армстронг сумел нажать на кончик поломанного рычага с помощью обычной шариковой ручки.
- Юрий Гагарин доставил новый рычаг на борт модуля «Орёл».

3. Чем известен Юрий Гагарин?

- Юрий Гагарин — инженер, построивший модуль «Орёл».
- Юрий Гагарин — первый человек, побывавший в космосе.

4. Где изначально оказались астронавты по прибытии на Землю?

- В аэропорту в одном из городов в штате Флорида.
- В водах Тихого океана.

5. Чем можно заменить слово «благополучно» в предложении «Когда модуль «Орёл» **благополучно** опустился в воды Тихого океана, вся планета выдохнула с облегчением»?

- удачно
- медленно

6. Какой вариант **противоположен** по значению к слову **«рекомендовали»** в предложении «Астронавты связались с Хьюстоном, но те **рекомендовали** не обращать внимания на ошибку и просто продолжать полёт»?

- отговаривали
- советовали

7. Вставьте пропущенные слова.

продемонстрировал   конечная   обогнала

- Наша __________ задача заключалась в том, чтобы переправиться через реку на плоту дотемна.
- Инструктор по йоге __________ очередную непростую позу.
- К концу велосипедной гонки я ускорилась и __________ пятерых соперниц.

Модуль 1.6

Многие тысячи лет назад первобытные люди стали приручать и одомашнивать диких животных. Большинство из одомашненных животных были весьма полезны в хозяйстве. Например, коровы давали молоко и мясо, от овец можно было получить шерсть, лошадей использовали как транспорт, а собаки охраняли дом и помогали во время охоты. Зачем же люди решили одомашнить кошку и как это произошло?

Долгое время считалось, что впервые кошки были одомашнены в Древнем Египте. Однако в 2004 году при археологических раскопках на острове Кипр было обнаружено древнее захоронение, которое очень удивило исследователей кошек. Рядом с останками человека, всего в сорока сантиметрах от него, находились останки восьмимесячной кошки. Исследователи подсчитали, что захоронение на Кипре было сделано на четыре тысячи лет раньше, чем когда кошки были одомашнены в Египте.

Примечательно, что в древние времена на Кипре дикие кошки не обитали. Самостоятельно на остров древние дикие кошки тоже не могли перебраться, поскольку Кипр — это остров в Средиземном море. Поэтому учёные пришли к выводу, что на Кипр кошек привезли древние поселенцы на лодках.

Возникает вопрос: откуда одомашненные кошки попали на Кипр и когда и каким образом их впервые одомашнили? Исследователи считают, что современные домашние кошки, которые распространены по всему миру, произошли от одного вида дикой кошки. Этот вид дикой кошки до сих пор существует в природе. Кошка-прародитель даже очень похожа внешне на её современных сородичей. Предполагают, что впервые этих диких кошек одомашнили на Ближнем Востоке около 10 тысяч лет назад.

Учёные считают, что процесс одомашнивания этого животного был довольно сложным и долгим. Тем не менее в одомашнивании кошек и собак была одна общая черта. Как и собаки, кошки сами стали приходить к людским поселениям, когда у тех появились сараи. В сараях хранился урожай зерна. А полакомиться зерном, как известно, любят мыши и другие грызуны. Кто же в свою очередь любит полакомиться грызунами? Правильно, кошки. Люди не могли не заметить пользу от кошек. Ведь грызуны портили собранный урожай. А вот кошки, поедая грызунов, помогали сохранить урожай в целости.

Около 3-4 тысяч лет назад одомашненные кошки появились в Египте. По одной версии туда они попали из Ближнего Востока, по другой — в Египте кошек одомашнили самостоятельно. В Египте кошек почитали как священное животное, и вывозить их в другие регионы было запрещено. Тем не менее со временем кошки появились и в Древней Греции, и в Риме — примерно 2,5 тысячи лет назад. В то время греки и римляне для борьбы с грызунами использовали домашних хорьков, а кошек заводили как диковинку. Из Греции и Рима кошки распространились на Дальний Восток и в Китай. Лишь с четвёртого века кошек стали специально использовать для охоты на мышей. Уже к десятому веку кошек можно было найти в большей части Европы и Азии.

После одомашнивания кошки стали меньше размером. Зато теперь окрас их шкурки стал более разнообразным. Если дикие кошки были в основном серые и полосатые, сегодня домашняя кошка встречается самых разных цветов и окрасов. Люди стали целенаправленно выводить породы кошек только в 19 веке, и на сегодняшний день существует от 40 до 70 пород кошек.

Если сравнить кошек с собаками, то станет понятно, что собаки подвергались селекции гораздо дольше и больше. Собака была одомашнена около 30 тысяч лет назад. Кошка — примерно 10 тысяч лет назад. С самого начала собак учили выполнять разную работу: охранять, охотиться, пасти скот. Кроме ловли мышей, у кошек же не было никакой другой работы, а охотиться на грызунов они могли и в диком виде. Человек вывел породы собак, которые очень сильно отличаются друг от друга: от крошечных чихуахуа до гигантских мастифов и догов. Кошки разных пород всё же в целом до сих пор сильно походят друг на друга. Селекция кошек в основном проходила на основе их поведения: люди разводили тех кошек, которые были самыми дружелюбными и ласковыми.

Мы часто говорим, что кошки захватили мир. И это только отчасти шутка. Количество кошек во всём мире выросло так сильно, что можно подумать, они действительно главные на нашей планете. Может, это и правда так?

1. О чём говорится в тексте?

- О разных кошачьих породах.

* Об истории одомашнивания кошек.

2. Почему находка на Кипре удивила исследователей кошек?

* Находка на Кипре доказала, что впервые кошек одомашнили не в Египте, как думали долгое время.
* Потому что было непонятно, откуда кошки взялись на острове.

3. Как предположительно произошло одомашнивание кошек?

* Люди отлавливали кошек и заставляли их охотиться на мышей.
* Кошки стали поселяться рядом с людьми, потому что в местах хранения урожая водилось много грызунов.

4. Каких кошек одомашнивали?

* Кошек с пятнистым окрасом.
* Самых дружелюбных и ласковых.

5. Чем можно заменить слово «полакомиться» в предложении «А полакомиться зерном, как известно, любят мыши и другие грызуны»?

* поиграть
* съесть с удовольствием

6. Какой вариант **противоположен** по значению к слову «**дикие**» в предложении «Самостоятельно на остров древние **дикие** кошки тоже не могли перебраться, поскольку Кипр — это остров в Средиземном море»?

* домашние
* беспородные

7. Вставьте пропущенные слова.

отбор   приручила   уныло

* Селекция — это ___________ наиболее ценных для человека сортов растений и пород животных.
* Илья хотел спать и поэтому ___________ пошёл на урок физкультуры.
* Нашу кошку Ласку моя бабушка ___________, когда та была ещё котёнком.

Модуль 1.7

Как бы вы поступили, если бы у вас не было посудомоечной машины, а мыть посуду вручную вам не нравилось? Продолжали бы вы делать это через не хочу? Американка Джозефин Кокрейн так не любила мыть посуду, что… изобрела посудомоечную машину!

Джозефин обожала красивую антикварную посуду. Когда она вышла замуж за зажиточного предпринимателя Уильяма Кокрейна, Джозефин часто устраивала в своём доме приёмы для гостей. Во время таких приёмов угощения подавались на дорогом фарфоре, который передавался по наследству в семье Джозефин аж с 1600-х годов! Гости восторгались тонкой и изысканной работой изделий. Джозефин же прослыла одной из лучших светских дам штата Иллинойс.

Всё было бы хорошо, если бы не одна очень неприятная проблема. Когда слуги мыли посуду после таких вечеринок, то могли случайно ударить её об раковину. От посуды откалывались маленькие кусочки. Подавать угощение в побитой, пусть даже слегка, посуде было неприлично, а покупать каждый раз новую — слишком дорого.

Увольнять слуг Джозефин не стала, здраво рассудив, что такое может случиться с каждым. Вместо этого она решила мыть посуду сама. Правда, после первого же раза она поняла, что занятие это скучное, да к тому же ещё и трудоёмкое. Конечно, можно было просто купить для вечеринок посуду подешевле. Но будучи хозяйкой зажиточной и из довольно известной семьи, Джозефин просто не могла себе этого позволить.

Поэтому, подумав, Джозефин пришла к весьма смелому решению. Ей была нужна машина, которая аккуратно мыла бы посуду за неё. Пойти в магазин и купить такую машину Джозефин не могла… потому что жила в 19 веке, когда таких машин просто не существовало. К тому времени изобретатели уже пробовали создать посудомоечную машину, но никаких особых результатов не добились.

Например, Джоэл Хотн придумал складывать посуду в коробку, где были установлены щёточки. Они вращались по тарелке, которую одновременно обрызгивали водой. Идея была хорошая, но посуда в такой коробке оставалась грязной.

«Если никто не придумает посудомоечную машину, это сделаю я»! — заявила Джозефин Кокрейн. Была она дама весьма решительная, поэтому немедленно приступила к воплощению своей идеи в жизнь.

Надо сказать, что изобретения не были чем-то совершенно новым для Джозефин. Её отец работал инженером, а прадедушка строил пароходы. Поэтому, вооружившись всем, чему она научилась у своей семьи, Джозефин Кокрейн принялась за дело.

Свою первую модель посудомоечной машины Джозефин сделала в сарае за домом. Подойдя к делу со всей серьёзностью, она тщательно измерила всю посуду. Далее, проделав сложные расчёты, Джозефин построила специальные проволочные полочки для фарфора.

В отличие от своих предшественников, Кокрейн решила отказаться от щёточек. Вместо них она приспособила мотор, который подавал горячую воду внутрь конструкции под большим напором. Расчёты Джозефин оказались правильными. Сильная струя воды смывала остатки еды с тарелок лучше любых щёточек!

Вначале Джозефин просто дарила своё изобретение друзьям. Но когда её супруг скончался, оставив ей множество долгов, Кокрейн решила заняться производством своих машин. Она разместила рекламу в газетах и занялась поиском предпринимателей, которые бы вложили деньги в её новое дело. Идея посудомоечной машины нравилась многим.

Тем не менее в те времена люди не верили, что женщина может успешно управлять бизнесом. Некоторые и согласились бы вложить деньги на производство, но только при одном условии: Джозефин должна была передать управление делами какому-нибудь мужчине. Джозефин такое решение не устраивало.

Удача улыбнулась ей в 1893 году, когда она выставила свою посудомоечную машину на Мировой ярмарке в Чикаго и выиграла приз за дизайн и прочность устройства. После этого на неё посыпались заказы, и машиной заинтересовались отели и рестораны. На заработанные деньги Кокрейн смогла открыть фабрику недалеко от Чикаго.

Однако прошло ещё целых полсотни лет, прежде чем посудомоечная машина Джозефин Кокрейн попала в дома обычных американцев. До 1950-х годов в их домах не было горячей воды, которая необходима для работы посудомоечной машины. Лишь после того, как в дома стали подавать горячую воду, многие американцы начали покупать посудомоечную машину. Ведь не одна Джозефин не любила мыть посуду!

1. О чём говорится в тексте?

- О том, как Джозефин Кокрейн изобрела посудомоечную машину.

- О том, как Джозефин Кокрейн стала инженером.

2. Что сподвигло Джозефин Кокрейн на изобретение посудомоечной машины?
- Джозефин мечтала изобрести что-то полезное и таким образом разбогатеть.
- Джозефин не могла доверить своим работникам мытьё дорогой посуда, а самой это делать ей не нравилось.

3. Почему многие отказывались вкладывать деньги в дело Джозефин?

- Потому что было трудно поверить, что посудомоечные машины окажутся полезными.
- Потому что в те времена люди не верили, что женщина сможет управлять производством.

4. Как Джозефин Кокрейн удалось заработать деньги на открытие фабрики по производству посудомоечных машин?

- Джозефин выиграла приз на Мировой ярмарке, после чего её посудомоечными машинами заинтересовались отели и рестораны.
- Джозефин неожиданно получила большую денежную сумму в наследство.

5. Чем можно заменить слово «дело» в предложении «Она разместила рекламу в газетах и занялась

поиском предпринимателей, которые бы вложили деньги в её новое **дело**»?

- бизнес
- хобби

6. Какой вариант **противоположен** по значению к слову «**решительная**» в предложении «Была она дама весьма **решительная**, поэтому немедленно приступила к воплощению своей идеи в жизнь»?

- напористая
- робкая

7. Вставьте пропущенные слова.

прочного   выдающегося   предположительно

- Статуя Давида работы __________ мастера эпохи Возрождения Микеланджело Буонарроти находится в Галерее Академии Изящных Искусств.
- Точная дата рождения Александра Гамильтона неизвестна; __________, он появился на свет 11 января 1755-го или 1757-го.
- Палатки решено было шить из __________ водоупорного материала.

Модуль 1.8

В штабе волновались за Киттинджера. Он долго не возвращался. Один из докторов отправил Киттинджеру

послание с помощью азбуки Морзе: «Немедленно спускайтесь. Это приказ»! Ответ от Киттинджера не заставил себя ждать. Когда доктор его прочитал, он с ужасом на лице постановил: «Киттинджер не в себе»! В штабе не знали, как оценить странное
сообщение от человека, который в это время парил на высоте 19 000 футов над землей на воздушном шаре. 19 000 футов! Это уже почти космос. В штабе все переполошились, поскольку ответное послание Киттинджера было следующим: «А ты прилетай и попробуй меня поймать»!

На самом деле с Киттинджером было всё в порядке. Это с техникой случилась небольшая неполадка: заканчивался кислород и поэтому спускаться приходилось очень медленно. Киттинджер был бы и рад подчиниться приказу доктора немедленно приземляться, но торопиться не получалось. К счастью, после долгих мучительных минут Киттинджер смог благополучно спуститься на землю.

Эти события происходили в далекие 50-60-е. Полковник Джозеф Киттинджер был лётчиком-испытателем. В то время в Соединенных Штатах Америки учёные и авиаторы неустанно трудились над тем, чтобы отправить человека в космос. До этого человек ещё ни разу там не бывал. Учёные же пытались выяснить, сможет ли человек выжить в космосе. А ещё непременно нужно было понять, возможно ли будет астронавту прыгнуть с парашютом из космоса вниз, если, например, сломается ракета. Киттинджеру вместе с группой врачей предстояло решить эту непростую задачу. Так и возник проект под названием «Эксельсиор», что в переводе с латыни означает «всё выше».

А задача ведь действительно была невероятно опасная. Киттинджеру нужно было в специальном скафандре подняться на воздушном шаре высоко-высоко в небо. На этой высоте заканчивается земная атмосфера и начинается космическое пространство. А потом, чтобы спуститься вниз, Киттинджер должен был выпрыгнуть из воздушного шара и падать обратно на землю с парашютом.

В тот раз, когда Киттинджер пошутил над доктором и заставил всех в штабе волноваться, ему не удалось достичь необходимой высоты. Тогда он спустился обратно на землю на воздушном шаре. Но вот наступил день, когда всё, казалось бы, пошло по плану. Киттинджер смог достичь нужной высоты и остановился на метке в 76400 футов! Киттинджер забрался в специальную капсулу, прикреплённую к воздушному шару. Выбраться из этой капсулы в скафандре было очень непросто. Но и с этим Киттинджер справился и наконец, взглянув вниз, прыгнул на свою прекрасную планету.

Однако что-то пошло не так, и при падении он начал вращаться с бешеной скоростью в 120 оборотов в минуту. Представьте, что вы делаете по два кувырка в секунду! А с Киттинджером это происходило в невесомости, причём в это время он падал вниз со скоростью 614 миль в час, что быстрее, чем обычная скорость самолёта. Киттинджер потерял сознание. К счастью, в какой-то момент у него раскрылся парашют, и он сумел приземлиться.

Наконец 16 августа 1960 года Киттинджер совершил успешный прыжок с парашютом с высоты 102800 футов. Свободное падение вниз длилось всего 4 минуты 36 секунд, а потом у Киттинджера раскрылся парашют, и он благополучно приземлился.

Благодаря проекту «Эксельсиор» и невероятной храбрости и способностям полковника Киттинджера Америка приблизилась к заветной цели отправить человека в космос. Люди убедились, что при поломке ракеты астронавты и пилоты могут попробовать приземлиться на парашюте. А Киттинджер поставил рекорд по прыжкам с парашютом с самой большой высоты. Этот рекорд продержался аж целых 54 года.

В 2014 году австриец Феликс Баумгартнер побил рекорд Киттинджера, прыгнув с высоты в 127852 фута. Примечательно, что Баумгартнеру побить рекорд Киттинджера помогал не кто иной, как сам Полковник Киттинджер. Ему на тот момент исполнилось 84 года. Однако рекорд Баумгартнера по высоте не продержался и двух лет. 24 октября 2014 года американец Алан Юстас прыгнул с высоты 135889.108 футов.

1. О чём говорится в тексте?

- О том, как полковник Джозеф Киттинджер совершил первый прыжок из космоса с парашютом.
- О том, как Джозеф Киттинджер стал астронавтом.

2. Почему Киттинджер не мог подчиниться приказу доктора немедленно спускаться вниз?

- Потому что произошла техническая неполадка, и из-за нехватки кислорода спускаться приходилось очень медленно.
- Потому что из космоса было невозможно спуститься на Землю из-за невесомости.

3. С какой целью Киттинджер совершал прыжки из космоса на Землю?

- Он это сделал ради развлечения.
- Чтобы понять, возможно ли будет астронавту прыгнуть с парашютом из космоса вниз, если, например, сломается ракета.

4. В чём заключалась ценность проекта «Эксельсиор»?

- Благодаря этому проекту Америка приблизилась к цели отправить человека в космос.
- Благодаря этому проекту люди изобрели парашюты.

5. Чем можно заменить слово «бешеной» в предложении «Но что-то пошло не так, и он начал вращаться с **бешеной** скоростью в 120 оборотов в минуту»?

- непредсказуемой
- высокой

6. Какой вариант **противоположен** по значению к слову **«торопиться»** в предложении «Киттинджер был бы и рад подчиниться приказу доктора немедленно приземляться, но **торопиться** не получалось»?

- медлить
- спешить

7. Вставьте пропущенные слова.

храбрости   неустанно   заветном

- Я рассказала своим друзьям о ___________ желании совершить кругосветное путешествие.
- День и ночь мы ___________ шили театральные костюмы, чтобы успеть к премьере спектакля.
- Котёнку не хватало ___________ спуститься с макушки дерева вниз.

Уровень 2

Модуль 2.1

Строить Араис любил с детства. Ещё мальчиком он сооружал из щепок и досок домики для своих друзей. Однажды он даже построил миниатюрный дворец. Заметив способности Араиса, его отец решил не заставлять его работать на ферме, а отправил учиться к мастеру. Араис ожидал, что ему сразу доверят строительство дома, но вместо этого мастер стал показывать ему разные вычисления. Араиса учили, как 37 правильно выполнять расчёты и выбирать строительные материалы. Сперва Араису это показалось ужасно скучным. Но мало-помалу он увлёкся учёбой, а через год был самым лучшим учеником мастера.

Прошло несколько лет, и стало известно, что фараон решил построить для себя новую пирамиду. Для строительства позвали учителя Араиса. Однако из-за тяжёлой болезни он больше не мог заниматься строительством. Вместо себя он посоветовал взять Араиса. Араис к тому времени был уже молодым мужчиной и первым помощником мастера. Араису не терпелось приступить к делу. Поскольку строительство пирамид в Древнем Египте обычно длилось годами, Араис вместе со своей семьёй переехал на то место, где планировали возвести пирамиду.

До этого Араис никогда не бывал на постройке пирамиды. В первый же день Араиса назначили главным в бригаде, передвигающей тяжёлые строительные камни от реки к месту строительства пирамиды. Из этих огромных каменных блоков и планировалось соорудить саму пирамиду. Доставить каменные глыбы от реки к месту строительства была совершенно непростая задача. В те далёкие времена ещё не существовало подъёмных кранов и грузовиков. Как же древние египетские строители справлялись с этой, казалось бы, непосильной задачей? Давайте посмотрим, как Араис и его коллеги решали эту проблему.

Каждый камень нужно было водрузить на специальные сани и тащить по песку. Здесь Араису очень пригодилось умение проводить расчёты. Если правильно рассчитать вес камня и длину канатов, привязанных к саням, можно было сильно облегчить работу строителям.

Собрав свою бригаду, Араис направился к месту, где каменные блоки разгружали у реки с папирусных лодок. Дружными усилиями рабочие погрузили камни на сани, и потащили их с помощью канатов в обратный путь. Перед каждыми санями шли двое рабочих и поливали песок водой. Когда-то этому трюку Араиса научил мастер. По влажному песку сани лучше скользят, и рабочим тянуть их намного легче.

Чуть поодаль такие же каменные глыбы для стройки тащила вторая бригада. Ею руководил друг Араиса по имени Ка. Сегодня Ка решил попробовать новый метод перетаскивания каменных блоков. Его бригада подложила под строительные блоки каменные цилиндры. Цилиндры прокручивались по песку, как колёса, и ловко перекатывали строительные блоки. Араис заметил, что у бригады Ка работа пошла довольно споро. Сегодня обеим бригадам предстоит провести несколько таких переходов, чтобы успеть перетащить все камни.

Несмотря на инженерные хитрости, работа бригад Араиса и Ка была весьма тяжёлая. Поэтому в помощь им были предоставлены целые группы временных рабочих, которые жили в лагерях по соседству. Временные рабочие не обладали особыми строительными навыками и инженерными знаниями. Поэтому их основной задачей было помогать главным строителям. Временные рабочие изготовляли новые инструменты и чинили старые, готовили еду для основных рабочих, а также строили дороги, по которым на место строительства доставляли всё необходимое.

Фараон, для которого строили эту пирамиду, был всё ещё во цвете лет и совершенно здоров. Но Араис считал его решение построить пирамиду заранее вполне разумным. Когда фараон перейдёт в другой мир, ему понадобится грандиозный дом, соответствующий его статусу. Араис полагал, что необходимо ещё при жизни проследить, чтобы этот самый дом был построен на славу.

Когда наступила темнота и работать уже было невозможно, Араис вернулся в деревушку к своей семье. Как раз в это время из поселения временных рабочих к ним привезли еду: много мяса, хлеба и сытного пива. Есть надо было хорошо, иначе не хватило бы сил на работу. Поэтому Араис всегда говорил своим рабочим доедать всё до крошки, чтобы они были в состоянии выполнять свои обязанности на стройке.

Мясо им привозили от фермеров с юга и севера. Араис знал, что и его отец, и оставшийся на ферме младший брат присылают овец для рабочих фараона. Поэтому еда казалась особенно вкусной.

Засыпая, Араис подумал, что завтра тоже попробует метод передвижения камней, который сегодня использовал Ка. По скорости он не уступал саням, а попробовать в работе что-то новое всегда интересно.

1. О чём говорится в тексте?

- О том, как в Древнем Египте строили пирамиды.
- О том, как Араис стал фараоном.

2. Почему отец Араиса не отправил его работать на ферму?

- Потому что Араис рос слишком слабым для работы на ферме.
- Отец Араиса заметил, что у мальчика есть способности, и отправил его учиться строительному делу у мастера.

3. Какова была роль временных рабочих?

- Временные рабочие обеспечивали основных строителей всем необходимым: едой, инструментами и даже строили им дороги.
- Временные рабочие заменяли заболевших строителей.

4. Каким образом древние египетские строители перетаскивали тяжёлые строительные камни?

- Древнеегипетские строители использовали слонов для переноски камней.
- Они водружали камни на сани, которые волокли по влажному песку.

5. Чем можно заменить слово «грандиозный» в предложении «Когда фараон перейдёт в другой мир, ему понадобится **грандиозный** дом, соответствующий его статусу»?

- огромный
- украшенный

6. Какой вариант противоположен по значению к слову «непосильной» в предложении «Как же древние египетские строители справлялись с этой, казалось бы, непосильной задачей»?

- лёгкой
- невозможной

7. Вставьте пропущенные слова.

совершенствовать   навыками   обеспечить

- Школьники овладевают разными умениями и __________ на уроках математики.
- Мы старались __________ рабочих всеми необходимыми инструментами.
- Научиться лепить было просто; сложно было постоянно __________ свои навыки.

Модуль 2.2

Все знают, что чай полезен для здоровья как взрослых, так и детей. Многие любят этот бодрящий и согревающий напиток и пьют его за завтраком, за ужином, а иногда и просто в течение дня. Но знаете ли вы, откуда появился чай?

Родиной чая считается Китай. По древней легенде однажды император Шен Наг отправился в очередное путешествие по стране. Он был большим знатоком природы и любил изучать новые места.

Путешествие было долгим и довольно утомительным. Поэтому император часто останавливался на привал. Надо сказать, что он очень следил за своим здоровьем, поэтому пил только кипячёную воду. Вот и в этот раз он ждал, пока закипит вода в котле. Тут подул ветер, и с его дуновением в котёл залетело несколько листьев с деревьев, росших неподалёку.

Император попробовал этот отвар и был впечатлён его приятным необычным ароматом. Внезапно он почувствовал себя очень бодро. Листья того самого растения император забрал с собой в дорогу, чтобы можно было и дальше наслаждаться бодрящим напитком. Так по легенде люди научились заваривать чай.

Из Китая традиция пить чай стала распространяться в другие страны. У каждого народа появлялись собственные способы заваривать чай. В Китае и Японии зародилась целая церемония чаепития, во время которой необходимо соблюдать специальные правила. Даже посуду для заваривания чая выбирают особую.

В Индии в чай стали добавлять молоко и специи. Чай тут не просто заваривают, а варят в специальной кастрюльке. Англичане познакомились с культурой чаепития именно в Индии. В Великобритании чай приобрел невероятную популярность. Ему было даже отведено специальное время в течение дня. Обычно это происходит в 5 часов, когда обед уже прошёл, а до ужина ещё нескоро. Чай подают с молоком и кексом или печеньем.

А вот холодный чай впервые пить придумали в Америке. Больше сотни лет назад во время важной выставки для деловых людей владелец индийских чайных плантаций угощал всех посетителей своим чаем. Но было очень жарко, и пить горячий напиток никто не хотел. Тогда хозяин плантаций придумал положить в стаканы с чаем кусочки льда. Охлаждённый бодрящий напиток пришёлся по вкусу всем посетителям выставки и с тех пор стал очень популярным.

В природе чайное дерево — это невысокий вечнозелёный куст с душистыми цветками. Но, как ни странно, для приготовления напитка используют не цветки, а именно листья. В них содержатся особые вещества, которые дают нам бодрость.

Раньше чай рос только в Китае и в некоторых горных областях Индии. Но позже, когда чай стали пить по всему миру, кусты стали сажать и в других странах, где климат был достаточно тёплым. Сегодня в мире существуют множество сортов чая, чтобы каждый из нас мог выбрать свой любимый вкус.

1. О чём говорится в тексте?

- Об истории чая и о том, как он распространился по всему миру.
- О соперничестве чая и кофе.

2. Как китайский император Шен Наг научился заваривать чай, если верить легенде?

- Он научился заваривать чай случайно, когда в котёл с кипящей водой попали листья чайного дерева.
- Императора научили заваривать чай жители одной деревни, куда он случайно попал.

3. Какую часть чайного дерева заваривают на чай и почему?

- Заваривают цветки, поскольку они обладают приятным ароматом.
- Заваривают листья, потому что в них содержатся вещества, придающие бодрость.

4. Как и где придумали пить холодный чай?

- Холодный чай придумали пить в Америке, когда в чай положили кубики льда, чтобы освежиться в жаркий день прохладным напитком.
- Холодный чай придумали пить в Америке, когда цены на топливо сильно выросли и люди пытались экономить на кипячении воды.

5. Чем можно заменить слово «особую» в предложении «Даже посуду для заваривания чая выбирают **особую**»?

- специальную
- прочную

6. Какой вариант **противоположен** по значению к слову «**впечатлён**» в предложении «Император попробовал этот отвар и был **впечатлён** его приятным необычным ароматом»?

- остался равнодушным
- поражён

7. Вставьте пропущенные слова.

бодрящий   утомительной   очередное

- Ещё один __________ напиток — кофе.
- Елена придумала себе __________ хобби — заниматься бегом.
- Маленькому Саше подаренная книжка показалась скучной и __________ .

Модуль 2.3

На дворе уже давно стемнело, но мужчина продолжал сидеть за рабочим столом. На столе и на полу вокруг кресла валялись скомканные листы бумаги. С каждого из них улыбались, танцевали и подмигивали забавные животные. Любому, даже непрофессиональному взгляду, они показались бы презабавнейшими зарисовками, которые могли бы стать героями мультфильмов. Но мужчина продолжал комкать лист за листом и отбрасывать их в сторону. Он искал своего идеального героя.

Человека за столом звали Уолт Дисней. Уже несколько лет он создавал героев для мультфильмов. А недавно он узнал, что его продюсер — человек, который должен был помогать ему с деловыми вопросами, — переманил большую часть его сотрудников в свою собственную компанию. Разозлившись, Дисней решил разорвать с продюсером деловые отношения и открыть свою собственную студию. К счастью, несколько верных сотрудников отказались уходить от Диснея и обещали продолжить с ним работать.

Больше всего Диснея расстраивало, что придётся оставить своего любимого персонажа — Кролика Освальда. По документам Освальд принадлежал продюсеру, и использовать его в своих новых работах Дисней не мог.

— Ничего, — решил он. — Я и мои художники создадим героя гораздо лучше. Он станет всеобщим любимцем.

Однако идеальный герой всё никак не появлялся. Художники рисовали котов и псов, лошадей и коров, но Дисней считал, что этим зарисовкам чего-то не хватало. Однажды к концу очередного рабочега дня Дисней отложил карандаш и посмотрел на своего питомца — ручную мышь, которая жила тут же на его рабочем столе.

— Наверное, на сегодня надо остановиться, — подумал Дисней. — Завтра приду в студию с утра и снова возьмусь за работу.

Он погладил пальцем питомца и уже собирался встать, как вдруг, стремительно схватившись за карандаш, начал что-то спешно рисовать.

Так на свет появился Микки Маус. Интересно, что вначале его назвали Мортимером. Но жена Диснея уговорила поменять ему имя. Забавного мышонка назвали Майклом Теодором Маусом, или просто Микки.

Впервые зрители увидели Микки Мауса в мультфильме «Безумный самолёт». Однако настоящую популярность он приобрёл после выхода одного из первых звуковых мультфильмов под названием «Пароходик Вилли».

Постепенно мир Микки Мауса стал расширяться. У него уже была подружка — Минни Маус. Дисней подарил ему питомца — собаку Плуто, а также друзей — Дональда Дака и Гуфи. У Микки даже появился заклятый враг — Пит, который со времён «Пароходика Вилли» старался сделать жизнь Микки Мауса как можно более тяжёлой.

Со временем внешность Микки менялась. Когда в кинематограф и анимацию пришёл цвет, Микки стал цветным. Анимация развивалась, давая создателям всё больше возможностей. Теперь они рисовали Микки новой техникой. Менялся даже его характер. Вначале Дисней задумывал своего героя как симпатичного шалуна, который не всегда соблюдает правила. Позже Микки стал милым, добрым образцом для подражания.

Но как бы ни менялся его внешний вид, Микки продолжал оставаться самым популярным персонажем в мире. Его изображение можно увидеть на школьных тетрадях и портфелях, на футболках и кофейных кружках.

А если вы хотите встретиться с Микки вживую, то даже это можно осуществить. В Диснейленде, волшебном мире Диснея, вы встретите всех персонажей, созданных в студии великого аниматора, и конечно же, его самого любимого персонажа — Микки Мауса.

1. О чём говорится в тексте?

- О том, как создавался персонаж Микки Мауса.
- О том, как Уолт Дисней учился рисовать.

2. Почему Уолт Дисней не мог использовать персонаж Кролика Освальда?

- Потому что Кролик Освальд оказался совсем не популярным.
- Потому что права на Кролика Освальда принадлежали продюсеру Уолта, с которым тот перестал работать.

3. Как Уолт Дисней придумал персонаж Микки Мауса?

- У Диснея жила ручная мышь, которая и послужила идеей нарисовать персонаж мышонка.
- Жена Диснея придумала персонаж мышонка.

4. Как изменялся характер Микки со временем?

- Микки превратился из симпатичного злодея в серьёзного героя-спасателя.

- Изначально Микки был симпатичным шалуном, а потом стал милым и добрым образцом для подражания.

5. Чем можно заменить слово «популярность» в предложении «Однако настоящую **популярность** он приобрёл после выхода одного из первых звуковых мультфильмов под названием «Пароходик Вилли»?

- славу
- ценность

6. Какой вариант **противоположен** по значению к слову «**разорвать**» в предложении «Разозлившись, Дисней решил **разорвать** с продюсером деловые отношения и открыть свою собственную студию»?

- укрепить
- прекратить

7. Вставьте пропущенные слова.

взялся   гораздо   уговаривал

- Ваня долго __________ родителей разрешить ему прокатиться на новом аттракционе.
- Юрий __________ за работу, которая оказалась невероятно скучной, но всё же он решил её закончить.
- Рассказ получился __________ более интересным, чем ожидалось вначале.

Модуль 2.4

Многие тысячи лет назад, когда люди только начинали создавать хозяйства, все животные были дикими. Наши предки охотились на них ради мяса и шкуры. Однако изначально животные не жили вместе с первобытными людьми. Откуда же появились наши лучшие друзья — домашние собаки?

Известно, что собаки произошли от волков. Но как это случилось? Почему люди решили одомашнить свирепых хищников, если от них нельзя было получить ни мяса, ни молока, ни других продуктов, которые можно было употребить в еду?

Исследователи полагают, что первые волки были одомашнены примерно 18 000 лет назад. До сих пор с точностью не удаётся установить, когда и где впервые одомашнили волков. Учёные считают, что произошло одомашнивание не сразу. Для этого понадобились не годы, не десятилетия, а тысячи лет. Кстати, произошли собаки не от тех волков, которые живут сейчас в лесах. Как и собаки, обычный серый волк произошёл от другого древнего вида волков, который уже вымер.

Как и почему сблизились древние волки и древние люди? Учёные сходятся на том, что и собаки, и волки, и люди очень социальны. Это означает, что они любят вступать в контакт не только друг с другом, но и с другими видами животных. Эта черта сыграла огромную роль в одомашнивании волков. Изначально волков часто можно было встретить в людских поселениях, потому что туда их привлекала возможность поживиться остатками еды. Так начинались проходили первые встречи людей и волков. Постепенно волки и люди стали проводить всё больше времени друг с другом, что впоследствии привело к одомашниванию.

Эту теорию подтверждают некоторые археологические находки. По найденным зубам древних волков учёные определили, что не все древние волки питались одной и той же пищей. По тому, как зубы изнашивались с течением времени, можно было понять, что дикие волки ели в основном мясо, а одомашненные ели кости и другую твёрдую пищу. Это можно объяснить тем, что люди съедали мясо сами, а кости отдавали своим новым питомцам.

Постепенно люди стали понимать, как волки могли помочь им в хозяйстве. Эти бесстрашные охранники могли сторожить поселения от нападений других диких животных. Ещё их можно было использовать для охоты. Собаки также помогали одомашнивать скот. Даже в наше время существует несколько пород собак, которых вывели специально для помощи пастухам и фермерам.

О том, что собаки очень скоро стали не просто помощниками в хозяйстве, а настоящими друзьями человека, тоже можно понять по археологическим раскопкам. Очень часто исследователи находят захоронения собак, которые были сделаны по тому же обычаю, что и людские. Это означает, что уже в древние времена собак считали членами семьи.

Конечно, со временем внешний вид и строение организма собаки сильно изменились. Когда их только начинали одомашнивать, большинство собак выглядели практически одинаково. Сегодня мы знаем множество пород: от огромных догов до маленьких корги. При выведении новых пород люди специально старались получить качества, которые были бы полезны в ежедневной жизни. У нас есть собаки-пастухи и собаки-охранники, собаки-охотники и собаки-поводыри. Уже многие тысячи лет собаки остаются нашими самыми верными друзьями.

1. О чём говорится в тексте?

- О том, как древние люди начали заниматься фермерством благодаря собакам.
- О том, как произошло одомашнивание собак.

2. Какая черта в характере древних волков способствовала их одомашниванию?

- Они были социальными животными.
- Они умели охотиться.

3. Какие археологические находки указывают на то, что собаки стали настоящими друзьями человеку?

- Существуют наскальные изображения людей, обнимающих собак.
- Захоронения собак и людей были сделаны по одному и тому же обычаю.

4. По какому принципу выводили многие породы собак?

- Люди специально старались вывести породы, обладающие полезными для человека качествами.
- Люди стремились вывести только больших по размеру собак.

5. Чем можно заменить слово «поживиться» в предложении «Изначально волков часто можно было встретить в людских поселениях, потому что туда их привлекала возможность **поживиться** остатками еды»?

- съесть
- поохотиться

6. Какой вариант **противоположен** по значению к слову «**подтверждают**» в предложении «Эту теорию **подтверждают** некоторые археологические находки»?

- доказывают
- опровергают

7. Вставьте пропущенные слова.

устремлено   любопытно   привёл

- Урок по биологии был таким занимательным, что всё внимание учеников было __________ на учителя.

- Интерес к современному искусству ___________ нас на выставку известного художника Дэвида Хокни.
- Юре было ___________, почему его не пригласили на конференцию.

Модуль 2.5

А вы знаете, что на нашей планете растёт более 60 тысяч видов разных деревьев? Их можно найти практически в любой точке Земли, кроме Антарктиды. Деревья существуют уже более 400 миллионов лет, и они пережили не только Ледниковый период, но и другие масштабные катаклизмы.

Деревья отлично приспосабливаются к окружающей среде и изменениям природных условий. Более того, деревья сами создают условия, благодаря которым другие живые существа могут жить на нашей планете. Деревья участвуют в формировании почвы, а их зелёные листья поглощают из атмосферы углекислый газ, в обмен выделяя необходимый для всех кислород.

Учёные всегда пытались выяснить, как функционируют деревья. Понять их подчас гораздо сложнее, чем животных. Представления человека о деревьях всё время меняется, и деревья не перестают нас удивлять.

Раньше считалось, что деревья конкурируют друг с другом за солнечный свет и почвенные ресурсы. Относительно недавно учёные провели исследование и выяснили, что на самом деле деревья помогают друг другу, делясь ресурсами.

Эксперимент был таков. Учёные посадили рядом друг с другом два разных дерева. Одному из них специально создали плохие условия, чтобы оно не могло получать достаточно солнечных лучей. Второе дерево росло в благоприятных условиях. В процессе эксперимента выяснилось, что между этими деревьями стал проходить обмен полезными веществами. Дерево с лучшими условиями помогало другому дереву получить недостающие вещества. А ведь они даже не принадлежали к одному виду!

А ещё деревья вырабатывают специальные вещества, с помощью которых они сообщают своим соседям о вредителях. Тогда другие деревья успевают подготовиться и несут меньший урон. Такая взаимопомощь способствует выживанию деревьев.

Теперь люди понимают, что деревья способны к общению и между ними существует очень хорошо развитая система передачи информации. С её помощью деревья предупреждают друг друга об опасности и делятся ресурсами. Они даже умеют передавать накопленную информацию следующим поколениям!

Помимо помощи друг другу, деревья также сотрудничают с другими организмами, например, почвенными грибами. Эти грибы помогают корням деревьев лучше усваивать воду и получать питательные вещества из почвы. От деревьев же грибы получают сахар, витамины и другие полезные вещества.

Примечательно, что сами грибы сахар производить не могут. Такое сотрудничество между двумя видами организмов называется симбиозом.

1. О чём говорится в тексте?

- Об интересных фактах о деревьях.
- О том, как проходила эволюция деревьев.

2. Чем полезны деревья окружающей среде?

- Деревья поглощают лишний свет.
- Деревья выделяют кислород, который необходим живым существам.

3. Как изменилось представление людей о деревьях?

- Раньше считалось, что деревья конкурируют друг с другом, а теперь учёные понимают, что деревья друг другу помогают.
- Раньше считалось, что деревья сотрудничают с другими организмами; позже эта теория была опровергнута.

4. Каким образом происходит сотрудничество между почвенными грибами и деревьями?

- Почвенные грибы помогают деревьям при пожарах, а деревья дают грибам сахар.
- Почвенные грибы помогают деревьям лучше усваивать воду и вещества из почвы, а деревья дают грибам сахар.

5. Чем можно заменить слово «функционируют» в предложении «Учёные всегда пытались выяснить, как **функционируют** деревья»?

- работают
- питаются

6. Какой вариант **противоположен** по значению к слову «конкурируют» в предложении «Раньше считалось, что деревья **конкурируют** друг с другом за солнечный свет и почвенные ресурсы»?

- борются
- сотрудничают

7. Вставьте пропущенные слова.

приспособились   принадлежали
поглощают

- Дедушка советовал не носить тёмную одежду летом, полагая что тёмные цвета ___________ свет намного сильнее, чем светлые.
- Вазы, найденные на чердаке, ___________ моей тётушке.
- Кенгуру живут в условиях жаркого климата, к которому они ___________ благодаря умению оставаться малоподвижными в самое жаркое время.

Модуль 2.6

Сегодня на самолёте можно довольно быстро добраться до любой точки мира. Первый же полёт в истории человечества длился всего 12 секунд! Но это был настоящий прорыв для человечества. Задолго до изобретения самолётов люди отправлялись в путешествия на лошадях. Такие поездки могли длиться неделями и даже месяцами. В пути и лошадь, и всадник уставали. Им приходилось несколько раз останавливаться, чтобы отдохнуть. Позже, когда изобрели паровоз, путешествовать стало намного проще и быстрее. Но люди верили, что смогут передвигаться ещё быстрее. Поэтому они продолжали искать новые способы.

С незапамятных времён люди наблюдали за птицами и мечтали парить в небе точно так же, как они. Сохранилось множество историй о попытках человека взлететь. К сожалению, все они терпели неудачу.

Изначально неудачи постигли и братьев Райт. Как и многие другие изобретатели, братья Орвилл и Уилбур мечтали создать машину, которая переносила бы человека по воздуху на большие расстояния. Конечно же, они тоже подолгу следили за птицами, изучая их полёт.

И вот однажды братья Райт сделали открытие. Оказалось, что воздух над и под крыльями птиц создавал потоки и помогал им держаться в воздухе. Во время полёта птицы меняли положение и форму крыла, чтобы изменить направление этих воздушных потоков. Так они могли повернуть в нужное им направление.

Братья Райт поняли, что это открытие станет решающим шагом для создания летающего аппарата. Они начали строить и тестировать глайдеры — летательные аппараты, которые двигались только за счёт ветра. Орвилл и Уилбур добились небольших успехов, но этого было недостаточно для обеспечения длительных полётов.

Братья понимали, что самой трудной задачей будет снабдить такой летательный аппарат механизмом для управления. Ведь нельзя было отправлять пилота в воздух, полагаясь только на ветер. И хотя братья Райт всерьёз полагали, что при их жизни такой механизм создать не удастся, они продолжали свои эксперименты. После каждого полёта они делали заметки и вносили поправки в свой летательный аппарат.

Изучая свои заметки, братья Райт пришли к выводу, что их измерения были неточными. Для того чтобы правильно рассчитать, каким должно было быть крыло, они построили специальный ветровой туннель. Внутри этого туннеля они испытывали разные формы крыльев. Так они проверяли, какая из форм лучше всего помогает поднять аппарат в воздух и удержать его на лету. А ещё братья пришли к одному интересному выводу, о котором раньше никто не задумывался. Они поняли, что их летательному аппарату нужен хвост. Ведь птицы тоже активно используют свой хвост во время полёта, чтобы задавать нужное направление.

Так спустя некоторое время и множество испытаний появился всем известный самолёт «Китти Хок». В этом летательном аппарате помещался лишь один человек. Он же должен был управлять полётом. Весил этот самолёт 274 килограмма, а размах его крыльев превышал 12 метров. В те времена это был неслыханный по своим масштабам летательный аппарат.

После нескольких тестов 17 декабря 1903 года состоялся первый публичный полёт Китти Хока. Управлял самолётом Орвилл Райт. Полёт продлился целых 12 секунд! Это было невероятным достижением в области полётов. Никто до тех пор не мог продержаться в воздухе так долго.

Окрылённые своим успехом, братья Райт принялись за усовершенствование своей машины. Теперь они были уверены, что однажды их изобретение можно будет использовать для перемещения на долгие расстояния.

Сегодня мы можем с большим комфортом всего лишь за несколько часов долететь до любой точки земного шара. И хотя над усовершенствованием самолёта работало множество учёных и изобретателей из разных стран, самый первый успех в области полётов принадлежит братьям Райт. Их полёт, который продлился всего 12 секунд, стал основой успеха каждого последующего летательного аппарата.

1. О чём говорится в тексте?

- Это история о птицах.
- Это история о первых летающих аппаратах, созданных братьями Райт.

2. Какой интересный факт о полёте птиц заметили братья Райт, который помог им впоследствии при построении летающего аппарата?

- Птицы управляли полётом с помощью головы.
- Воздух над и под крыльями птиц создавал потоки и помогал им держаться в воздухе.

3. Помимо крыльев, чем ещё были похожи летательные аппараты братьев Райт на птиц?

- хвостом
- клювом

4. Чем был знаменателен 12-секундный полёт Китти Хока?

- Китти Хок был самым лёгким летающим аппаратом на тот момент.
- Никто до тех пор не мог продержаться в воздухе так долго.

5. Чем можно заменить слово «окрылённые» в предложении «**Окрылённые** своим успехом, братья Райт принялись за усовершенствование своей машины»?

- вдохновлённые
- утомлённые

6. Какой вариант **противоположен** по значению к слову «**невероятным**» в предложении «Это было **невероятным** достижением в области полётов»?

- значительным
- обычным

7. Вставьте пропущенные слова.

признания   решилась   комфортным

- Виталий долго и упорно работал над своим произведением, чтобы добиться __________ среди писателей.
- Путешествие на поезде через всю страну оказалось довольно __________.
- Во время турнира по шахматам Алиса __________ на серьёзный шаг и предприняла гамбит.

Модуль 2.7

Кто из нас хотя бы раз не видел ленивцев? Даже если вам не приходилось встречаться с ними вживую, то вы наверняка видели их по телевизору или в мультфильмах. Своё название эти милые безобидные создания заслужили тем, что большую часть дня они висят на какой-нибудь ветке и спят. Передвигаются они медленно, не охотятся и часами неторопливо поедают листья. А знаете ли вы, что много тысяч лет назад предки наших современных ленивцев размерами были больше похожи на слона?

В современной природе встречается несколько гигантских животных, таких как жираф, голубой кит, африканский и индийский слоны, кашалот, бегемот или носорог. Однако многие тысячи лет назад на нашей планете обитало намного больше гигантских животных. По Земле ходили саблезубые тигры, трёхметровые кенгуру и бобры, больше похожие на медведей. Именно поэтому животный мир этого периода учёные назвали мегафауной, что переводится с латыни как «большой животный мир».

Доисторические ленивцы по размерам ничуть не уступали другим гигантским обитателям планеты. В высоту они были в два раза больше слонов, достигая 6 метров. Весили такие гиганты около 4 тонн. Примерно столько же весит нагруженный грузовик! За такие выдающиеся размеры учёные назвали доисторических ленивцев мегатериями, что на латыни означает «большой зверь».

Несмотря на устрашающие размеры, мегатерии, как и их современники, были весьма добродушными и спокойными созданиями. Они бродили по лесу и питались растительностью. Конечно, при таких размерах лазить по деревьям было весьма затруднительно. Зато мегатерии могли встать на задние лапы и длинными когтями доставать верхние ветки деревьев. С них они срывали свежие сочные листья. Стоять устойчиво на задних лапах им также помогал очень мощный хвост. Мегатерии пользовались им как опорой во время трапезы. Больше всего по душе им были листья юкки, агавы, а также разная трава.

Жили гигантские ленивцы чаще всего группами, но бывали среди них и одиночки. Такие мегатерии обычно обитали в пещерах, которые по предположениям исследователей являлись их норами. Учёные полагают, что врагов у гигантских ленивцев было не так уж много. Поэтому вполне возможно, что многие тысяч лет назад они вели дневной образ жизни.

Первого ископаемого гигантского ленивца нашли в XVIII веке в Аргентине. Обнаруживший его исследователь, Мануэль Торрес, отправил свою находку в Национальный музей естественных наук в Мадриде. Там сотрудники музея сложили скелет и зарисовали некоторые кости.

Но даже после этого учёные не сразу поняли, что перед ними не просто какое-то доисторическое животное, а именно предок современных ленивцев. Сперва несколько лет исследователи кропотливо сравнивали строение мегатериев с современными животными. В результате этой работы был сделан вывод, что мегатерии являются родственниками ленивцев.

Многие учёные считают, что вымерли гигантские ленивцы по двум причинам. Климат на планете постепенно менялся, и мест, подходящих для их проживания, оставалось всё меньше и меньше. Но ещё более серьёзной причиной послужило развитие людских общин. Люди научились охотиться, а огромный ленивец был отличной добычей благодаря своей медлительности и отсутствию защитных приспособлений, вроде бивней мамонтов. К тому же, мясом одного такого гиганта можно было прокормить целую общину.

Как бы то ни было, сегодня увидеть гигантских ленивцев возможно только на страницах книг или Интернета, а также в музее в Мадриде. Зато понаблюдать за их милыми и безобидными потомками, современными ленивцами, можно вживую в тропических лесах.

1. О чём говорится в тексте?

- О современных ленивцах и их предках — гигантских мегатериях.
- О разных представителях мегафауны.

2. Каким образом исследователи поняли, что мегатерии являются предками современных ленивцев?

- Мегатерии, как и современные ленивцы, любили висеть на деревьях.
- Исследователи сравнили строение скелетов мегатерий и ленивцев и заметили много сходств.

3. По каким причинам вымерли мегатерии?

- Они вымерли из-за столкновения Земли с астероидом.
- Они вымерли из-за климатических изменений, а также в связи с охотничьей деятельностью людей.

4. Почему мегатерии были лёгкой добычей для человека?

- Потому что мегатерии были медлительные и у них отсутствовали защитные приспособления.
- Потому что люди заманивали мегатерий в ямы-ловушки.

5. Чем можно заменить слово «кропотливого» в предложении «Сперва несколько лет исследователи **кропотливо** сравнивали строение мегатериев с современными животными»?

- тщательного
- скучного

6. Какой вариант **противоположен** по значению к слову **«затруднительно»** в предложении «Конечно, при таких размерах лазить по деревьям было весьма **затруднительно**»?

- неудобно
- легко

7. Вставьте пропущенные слова.

стремглав   неуязвимы   исключительно

- Благодаря огромным размерам слоны ______________ для большинства хищников.
- Несколько секунд заяц сидел на земле неподвижно, а потом ___________ бросился наутёк.
- Прошлым летом Василий слушал ___________ классическую музыку.

Модуль 2.8

Сегодня в семье Атла был особый день. Атл долго и с нетерпением ожидал его, хотя было неясно, когда же он наконец наступит. Поэтому, когда в их доме появилась повитуха, он понял — время пришло.

Повитуха была очень уважаемой женщиной деревнях древних ацтеков. Её обязанностью было помогать младенцам появляться на свет. Также она проводила все необходимые ритуалы, чтобы новорождённый начал жизнь по всем правилам.

Ещё с прошлой осени Атл знал, что по весне в их семье появится новый малыш, и был очень этому рад. Атл рос в большой семье, но детей младше него было всего двое: сестрёнка пяти лет и братишка трёх лет. Если в семье появится ещё один ребенок, Атл уже будет считаться совсем взрослым.

В комнату, где лежала его мама, Атла не пустили, поэтому он остался ждать снаружи. Через какое-то время он услышал плач младенца, а потом голос повитухи, которая читала речь над младенцем. Вскоре она вышла из комнаты и сказала:

— Сын.

Вся семья стала поздравлять друг друга. Атл обрадовался больше всех, потому что именно ему было доверено сделать младенцу его первый подарок — щит и стрелы. Если бы родилась девочка, ей бы подарили веретено и другие принадлежности для тканья.

Все стали готовиться к церемонии выбора имени для младенца. Родители Атла сверились с календарём. У каждого ребенка в племени должно было быть два имени. Первое имя было календарное; его выбор зависел от того, когда родился младенец. Второе имя было личное, и родители давали его по своему усмотрению. Например, всем девочкам в семье Атла давали личные имена по названию цветов. У Атла тоже было личное имя — Отли, что означало «дорога». Его календарное имя — Атл — значило «вода». Если соединить два имени, получалась водная дорога. Атл надеялся, что однажды, когда он будет совсем взрослым, он отправится путешествовать по реке.

По календарю малыша назвали Оцелотл, что означало «ягуар». Родители же нарекли его Яотлом, что переводилось как воин. Атлу имена понравились. По традиции все присутствующие на церемонии выбора имени одновременно прокричали это имя, а потом отправились пировать и праздновать рождение нового человека.

Постепенно жизнь снова вернулась в обычное русло. Каждое утро Атл вставал, помогал маме с младшим братом или шёл со старшими братьями на рыбалку. Недавно Атлу исполнилось семь лет, и теперь он мог носить набедренную повязку, как папа и старшие братья. Атл невероятно этим гордился и ощущал себя совсем взрослым. Надев повязку, он потрогал языком место во рту, откуда на прошлой неделе выпал молочный зуб. Когда это случилось, бабушка забрала зуб, нашла за хижиной мышиную норку и закопала зуб туда. Она объяснила Атлу, что так у него быстрее вырастут коренные зубы. Новый зуб, правда, пока не спешил прорезываться. Тем не менее Атл подумал, что неделя — это не так уж много и зуб скоро появится.

— Атл, прежде чем пойдешь с братьями на рыбалку, занеси Оцелотла в дом, — попросила мама. — Бабушка собирается прясть пряжу с соседками в нашем дворе.

Атл послушно пошёл во двор. В его деревне считалось, что новорожденных малышей лучше не оставлять там, где на них могут смотреть пожилые. В деревне Атла верили, что взгляд у людей в возрасте очень мощный и может повредить младенцу. Атлу это поверье казалось странным, потому что бабушкины подруги были очень доброжелательными.

Занеся Оцелотла вместе с корзинкой, в которой он лежал, в дом, Атл побежал догонять своих старших братьев, которые шли на рыбалку. Убегая, Атл засмотрелся на своего трёхлетнего братишку, который возился в саду, играя с деревянными игрушками. Жизнь Атла уже не была такой безмятежной. С четырёх лет он ходил вместе с папой за водой, а в пять уже самостоятельно собирал хворост для очага. Атл рос смышлёным мальчиком, поэтому, когда ему исполнилось шесть, его стали отправлять на рынок за покупками. И вот теперь старшие братья сами позвали его с собой на рыбалку.

— Совсем как взрослого мужчину, — подумал Атл.

На дороге у хижины Атл заметил причудливый цветной камушек. Он наклонился поднять его, как вдруг почувствовал тень, промелькнувшую над ним. Атл поднялся и увидел довольно хихикающего соседского мальчишку.

— Ты что, переступил через меня? — возмутился Атл. Вредный сосед закивал головой.

— Немедленно переступи обратно! — потребовал Атл.
— Не дождёшься, — ещё громче захихикал сосед. — Теперь ты навсегда останешься маленьким!

Довольный своей проделкой, сосед скрылся в своей хижине. Атл опечалился. Ещё с раннего детства дедушка учил его, что, если кто-то перешагнёт через него, нужно обязательно убедить этого человека переступить обратно; иначе можно навсегда остаться маленьким! Все мужчины в его семье были высокие и крепкие. Оставаться маленьким, особенно когда начнут подрастать два младших брата, Атлу совершенно не хотелось.

Правда, на рыбалке он на время забыл о своей печали. Братья показывали ему, где лучше высматривать рыбу, и как правильно выбрать момент, чтобы ударить её копьем и не промахнуться. Атл даже подумал, что когда вырастет, сможет стать рыбаком.

Когда братья вернулись в селение, из школы пришёл самый старший брат. Две луны назад ему исполнилось пятнадцать, и теперь каждый день он посещал школу. Атл побежал ему навстречу.

— Пойдёшь играть с нами? — спросил Атл. — Мы с ребятами собираемся побежать до другого конца деревни наперегонки.

— Бегите без меня, — ответил брат. — Мне нужно
подготовиться к соревнованию. Эти неучи из
школы для знатных считают, что они лучше нас, и мне
нужно быть готовым их проучить. И ещё учитель дал мне
задание нарисовать карту военных действий, если мне
придётся вести в бой свою армию на равнине.

Атл пригорюнился. Старший брат всегда был для него
хорошим другом, и он успел изрядно по нему соскучиться
за последние несколько недель. А сейчас Атл ещё
вспомнил, что утром вредный соседский мальчишка
переступил через него. Теперь Атл был уверен, что
никогда не сможет стать таким же сильным и ловким, как
его старший брат; он никогда не пойдёт в школу и не будет
соревноваться с другими учениками и обучаться военному
делу.

— Ты почему повесил нос? — спросил Атла старший брат.
— Набезобразничал тут, пока меня не было, и ждёшь
наказания от родителей?

Атл покачал головой. Он рассказал брату о том, что
произошло утром, и как он теперь боится, что останется
маленьким. Несколько секунд брат смотрел на него молча,
а потом сказал:

— Не бери в голову эти сказки о перешагивании! На
следующей неделе пойдешь со мной на бои подушками. Я
скажу отцу, он тебя отпустит.
— Можно? — не поверил своим ушам Атл. Он знал, что на
бои подушками ходят мальчики и девочки постарше.
— Конечно, можно, ты же настоящий воин, — ответил
брат.

Старший брат сдержал слово, и на следующей неделе Атл отправился с ним на бой подушками. Во время этого боя мальчики заполняли мешочки травой и кидали их в девочек. Девочки в свою очередь гонялись за мальчиками с кактусовыми колючками. До начала боя старший брат предупредил всех, чтобы Атлу не давали поблажек: он ведь уже совсем взрослый воин.

Атл и не заметил, как пролетел день. Наряду с братом и его друзьями, он гонялся за девочками, метко кидал в них мешочки и уворачивался от колючек. В конце дня все собрались для песен и танцев.

— Хорошо повеселился? — спросил Атла брат, садясь рядом с ним. Атл кивнул в ответ. Он устал, и глаза у него слипались.
— Мне теперь всё равно, вырасту я или нет. Ведь и маленьким можно веселиться! — сказал он, прежде чем сладко уснуть на плече старшего брата.

1. О чём говорится в тексте?

- О жизни мальчика в древней Ацтекской деревне.
- О жизни современного мальчика где-то в другой стране.

2. Каков был обычай называть новорождённых?

- Имена новорожденным давали строго по календарю.

- Новорождённые получали два имени: календарное и личное, которое давали родители.

3. Какие обязанности были у Атла?

- Изготовлять подарки для новорождённых.
- Приносить воду, собирать хворост, ходить на рынок за покупками и рыбачить.

4. Почему старший брат Атла пригласил его на бои с подушками?

- Для того, чтобы Атл перестал расстраиваться из-за поверья о перешагивании.
- Чтобы Атл увидел, каково быть школьником.

5. Чем можно заменить слово «причудливый» в предложении «На дороге у хижины Атл заметил причудливый цветной камушек»?

- волшебный
- необычный

6. Какой вариант противоположен по значению к слову «пригорюнился» в предложении «Атл пригорюнился»?

- опечалился
- обрадовался

7. Вставьте пропущенные слова.

посещали   Стараниями   традиции

- Братья __________ занятия по лепке с огромным удовольствием.
- По __________ каждое утро мама с папой начинают с питья кофе.
- __________ тренеров и спортсменов наша команда одержала долгожданную победу в турнире.

Уровень 3

Модуль 3.1

Ещё с древних времён известна басня про ворона и кувшин. В этой басне умирающий от жажды ворон находит кувшин. Он стремительно подлетает к нему, надеясь утолить жажду. Однако воды в кувшине виднеется только на донышке, а горлышко оказывается слишком узким для головы птицы. Ворон не может дотянуться до воды на дне. Однако он не отчаивается, а придумывает интересный выход из положения. Ворон начинает собирать камни в клюв и сбрасывать их в кувшин. Вода медленно поднимается и наконец достигает того уровня, когда ворону получается достать до неё клювом. Так он спасает свою жизнь.

Конечно, это всего лишь история. Однако учёные заинтересовались, действительно ли вороны такие сообразительные, как утверждается в басне. Оказалось, что такое поведение вполне реалистично для этой птицы. В ходе одного эксперимента исследователи поместили лакомство для ворон в глубокую колбу с водой. Перед воронами положили целый ряд предметов. Оценив ситуацию, вороны стали выбирать плотные предметы, которые утонули бы, попав в воду. Эти предметы они кидали в колбу до тех пор, пока лакомство не всплыло на поверхность. Ни один из воронов не задействовал лёгкий предмет, который бы остался на поверхности воды. Они также не брали слишком большие предметы, которые не поместились бы в колбу. Получается, поведение ворона в басне не было выдумкой.

Учёные-орнитологи, которые изучают птиц, рассказывают множество историй из своих наблюдений о воронах. Каждая из них подтверждает, что вороны на самом деле невероятно умные создания. В природе они используют различные изобретательные методы, чтобы добыть пищу. Например, они кидают грецкие орехи с высоты об асфальт. Когда скорлупа раскалывается от удара, вороны выклёвывают из нее сердцевину ореха. Они также применяют разные подручные предметы, вроде веточек, чтобы выуживать личинки из коры деревьев.

Одним из самых интересных фактов о воронах является их умение запоминать человеческие лица. Далеко не все животные могут это делать. Поэтому результаты эксперимента, проведённого одним исследователем, ошеломили всех.

В ходе эксперимента было задействовано две группы людей. Одной группе поручили носить маски с обычным выражением лица. Эта группа находилась рядом с воронами и иногда подкармливала их. Другой группе людей выдали маски с «опасными» лицами. Их задачей было ловить воронов. Конечно, ни один ворон в ходе этого эксперимента не пострадал, поскольку их всех позже отпускали на волю. Однако, даже попав на свободу и позже увидев человека в «опасной» маске, вороны начинали издавать тревожный крик. Этим они предупреждали своих собратьев о надвигающейся опасности.

Но и на этом эксперимент не закончился. Постепенно вороны, которые никогда не попадали в ловушку, тоже стали тревожно кричать, завидев «опасных» людей. Исследователь объяснил это тем, что пойманные вороны научили остальных распознавать лица тех людей, которые несли им опасность.

Учёные из Швеции выявили ещё одну интересную особенность воронов. Невероятно, но эти птицы умеют планировать. В первой части эксперимента воронам предлагали несколько предметов, среди которых был камушек, а также коробку. Вороны принимались кидать предметы в коробку, но, только бросив камушек, получали лакомство.

На следующем этапе эксперимента учёные показали воронам коробку с лакомством, но не дали им камушка. Вороны не получили своё угощение, а коробку учёные забрали. Через какое-то время воронам показали те же предметы, которые использовались в первой части эксперимента. Из всех предоставленных предметов вороны выбрали только камушек! Позже, когда им снова показали коробку, они воспользовались припасённым камушком, чтобы получить заветное лакомство.

А ещё вороны используют самые разные предметы — от шишек до найденных мячей для гольфа —

чтобы в свободное время играть друг с другом. Такое поведение тоже очень редко встречается среди животных и практически отсутствует среди птиц.

Вот и получается, что сказочный ворон из басни не такой уж сказочный. Его собратья и в реальной жизни очень умны и находчивы.

1. О чём говорится в тексте?

- Об охоте на ворон
- О сообразительности ворон

2. Каким образом воронам удаётся есть грецкие орехи?

- Вороны едят грецкие орехи прямо вместе со скорлупой.
- Вороны раскалывают скорлупу, бросая орехи с высоты об асфальт.

3. Какова цель эксперимента с масками?

- Показать, что вороны способны общаться с помощью различных криков.
- Показать, что вороны способны распознавать и запоминать разные выражения лица человека.

4. В чём цель эксперимента с камушками и коробкой?

- Показать, что вороны способны планировать.

- Показать, что вороны могут решать геометрические задачи.

5. Чем можно заменить слово «поручили» в предложении «Одной группе **поручили** носить маски с обычным выражением лица»?

- вручили
- велели

6. Какой вариант **противоположен** по значению к слову «**плотные**» в предложении «Оценив ситуацию, вороны стали выбирать **плотные** предметы, которые утонули бы, попав в воду»?

- пустые
- тяжёлые

7. Вставьте пропущенные слова.

распознавать   уязвимо   недооценила

- Мама умела __________ настроение своих детей по выражению лица и звучанию голосу.
- На соревнованиях по борьбе Мария __________ быстроту реакции соперницы.
- Олег чувствовал себя довольно __________ в окружении незнакомцев.

Модуль 3.2

Когда Уолли Фанк было всего 17 лет, врачи ей сказали, что она никогда не сможет ходить. Дело было в том, что Уолли сломала себе позвоночник, катаясь на лыжах. Но всего через три года Уолли не только ходила, но и стала профессиональным пилотом. Вскоре у Уолли появилась большая мечта — полететь в космос. Когда ей было всего 22 годы, в 1961 году, она успешно прошла отбор в программу «Женщины в космосе». Но тогда полететь в космос ей было не суждено: отправлять женщин в космос правительство США в те времена не собиралось. Но Уолли не отчаялась и продолжала идти к своей мечте. 20 июля 2021 года компания Блу Ориджин отправила в космос ракету с первыми на её борту четырьмя космическими туристами, в числе которых была и 82-летняя Уолли Фанк. Она шла к своей мечте целых 60 лет!

Уолли Фанк родилась в 1961 году в городе Лас Вегасе. Уже с детства её завораживали самолёты. С потолка её комнаты свисали модели самолётов, которые она сама и строила. В девять лет Уолли стала брать уроки по пилотажу. А вообще у Уолли были самые разнообразные интересы. Она увлекалась конным спортом, рыбалкой и охотой. В 14 лет Уолли уже стала профессиональным стрелком и получила множественные награды. А ещё она участвовала в различных соревнованиях по лыжам. Участие во всех этих разнообразных спортивных занятиях в дальнейшем и помогло Уолли оставаться в отличной физической форме, так необходимой пилотам и кандидатам в астронавты.

В старших классах Уолли хотела брать уроки по механике. Однако в те времена в её школе девушек не пускали на такие занятия. Тогда Уолли в возрасте 16 лет просто ушла из школы и поступила в колледж для пилотов в городе Колумбия, штата Миссури. Уолли стала лучшей из 24 учениц-лётчиц. И действительно, Уолли не упускала ни единой возможности полетать и стала профессиональной лётчицей.

В это время правительство США очень спешило отправить первого американца в космос. Чтобы стать астронавтом, нужно было пройти жесточайшие тесты на физическую подготовку. Испытания прошли 7 мужчин, которых собрали в группу под называнием «Меркурий-7». В то же время американский исследователь Уильям Лавлэс решил проверить, смогут ли женщины пройти отбор в астронавты. Он открыл набор для женщин, предоставив им возможность пройти такие же испытания, как и в проекте Меркурий-7 для мужчин.

Когда Уолли Фанк узнала о проекте Уильяма Лавлэса, она сразу же написала ему письмо с просьбой допустить её до тестов. Несмотря на то, что по возрасту Уолли не подходила, будучи слишком молодой, Лавлэс сделал для неё исключение.

Испытания, которые проходила Уолли, а также другие мужчины и женщины, были невероятно сложные. Полёт в космос в ракете в те времена предполагал тяжелейшие физические нагрузки, которые могли выдержать лишь самые сильные.

Одним из таких отборочных испытаний являлась сенсорная депривация. Цель теста была временно притупить в человеке все пять чувств: зрение, вкус, слух, обоняние и осязание. Учёные хотели понять, растеряется ли будущий астронавт в космосе, когда будет находиться в состоянии невесомости. Кандидатов помещали в закрытую ёмкость с водой; там было абсолютно темно и ничего не слышно. Вода была температуры человеческого тела, поэтому человек её не ощущал. Человеку от природы очень сложно оказаться в ситуации, где он ничего не видит, не слышит и не чувствует. Многие сразу же начинают паниковать. Уолли Фанк побила рекорд в этом тесте, пробыв в состоянии сенсорной депривации более 10 часов.

По окончании испытаний Лавлэса 13 женщин прошли отбор. Их стали называть «Меркурий-13», и Уолли Фанк была одной из них. Эти женщины прошли те же испытания, что и мужчины из Меркурий-7. Однако в планы правительства США отравлять женщин в космос не входило. В 1961 году в космос полетел Алан Шефард, ставший первым американцем и вторым человеком в мире после Юрия Гагарина, отправившимся в космос.

Проект Лавлэса закрыли, и Уолли вспоминала о том времени следующее: «Я была молода и счастлива, и просто верила, что полечу в космос, если не сегодня, то через пару месяцев».

Уолли Фанк продолжила работать лётчицей, а также стала инструктором по пилотажу. За свою карьеру она налетала свыше 19 тысяч часов, а также обучила около трёх тысяч пилотов. Всё это время Уолли продолжала мечтать о космосе. Когда к ней обратилась компания Блу Ориджин с предложением полететь в космос в 2021 году, Уолли не могла не согласиться. Тогда спустя 60 лет после участия в проекте Лавлэса Уолли полетела в космос, уже в качестве туристки. На тот момент Уолли исполнилось восемьдесят два года.

1. О чём говорится в тексте?

- Об удивительной жизни Уолли Фанк
- О первом полёте человека в космос

2. Почему Уолли Фанк перестала ходить в школу с 16 лет?

- Потому что Уолли решила посвятить себя катанию на лыжах.
- Потому что ей не разрешили брать уроки по механике.

3. Что такое сенсорная депривация?

- Это состояние, когда у человека притупляют все пять чувств: зрение, вкус, слух, обоняние и осязание.
- Это состояние, когда человек погружается в глубокую медитацию.

4. Почему проект Лавлэса закрыли, так и не отправив ни одну женщину в космос?

- Потому что женщины не смогли пройти необходимые испытания.
- Потому что на тот момент правительство США не планировало отправлять женщин в космос.

5. Чем можно заменить слово «растеряется» в предложении «Учёные хотели понять, **растеряется** ли будущий астронавт в космосе, когда будет находиться в состоянии невесомости»?

- сосредоточится
- опешит

6. Какой вариант **противоположен** по значению к слову «**жесточайшие**» в предложении «Чтобы стать астронавтом, нужно было пройти **жесточайшие** тесты на физическую подготовку»?

- лёгкие
- мягкие

7. Вставьте пропущенные слова.

накалилась   повлияла   оспаривать

- Любовь к спорту сильно __________ на выбор моей профессии.
- Обстановка __________ после того, как на урок пришёл директор школы.
- Во что бы то ни было решено __________ заявление нового участника о том, что Земля плоская.

Модуль 3.3

Слониху Дженни после купания вели обратно в ангар на отдых. Дженни обожала обливания прохладной водой жаркими летними днями. Она уже почти три года жила в заповеднике для слонов в штате Теннесси. Здесь о ней хорошо заботились.

А ведь до этого у Дженни была очень тяжёлая жизнь. Она родилась на острове Суматра в 1972 году. Когда она была маленьким слонёнком, её увезли с острова в Америку. Там долгие годы Дженни заставляли работать в цирке в очень тяжёлых условиях. Дженни несколько раз пыталась сбежать от своих цирковых хозяев. Потом Дженни повредила ногу и больше не могла выступать. Тогда её отправили жить в небольшой приют для животных. В приюте Дженни плохо кормили и не лечили. Исхудавшую и больную Дженни показали по телевизору. И это помогло ей попасть в заповедник для слонов, где её откормили и наконец начали лечить.

Итак, Дженни направлялась на отдых в ангар после купания. Она и понятия не имела, что в ангар прибыла новая слониха, которую только что привезли жить в заповедник. Эту слониху звали Ширли. Она была гораздо старше Дженни, и у неё тоже была весьма тяжёлая жизнь. Ширли родилась в 1948 году в Азии, откуда её выкрали, когда ей было всего 5 лет.

Ширли тоже заставили выступать в цирке, где ей жилось совсем не сладко. Однажды корабль, который перевозил Ширли и других цирковых слонов, потерпел кораблекрушение и затонул. Ширли спасли, и она продолжила работать в цирке. Ширли, как и Дженни, повредила ногу и стала не нужна цирку. Тогда её отправили в зоопарк, где она прожила целых 20 лет. В зоопарке не было других слонов, и Ширли было очень одиноко все эти годы.

И вот наконец Ширли посчастливилось попасть в заповедник слонов, где она получит настоящую заботу. Ширли стояла в ангаре, когда туда привели Дженни. Обе слонихи тут же заревели при виде друг друга и протянули друг к другу свои хоботы. Они так тянулись друг к другу, что даже погнули железные прутья своих клеток. Они пытались перелезть через свои клетки и стучали хоботами по дверям. Работники были озадачены таким поведением слонов. Ведь обычно слоны относятся очень настороженно к незнакомцам. Однако Ширли и Дженни явно были рады друг другу, и поэтому их переместили в соседние клетки. Слонихи тут же стали похлопывать друг друга хоботами и продолжали радостно реветь.

Сотрудники заповедника заподозрили, что это не первая встреча Дженни и Ширли. Возможно, слонихи были знакомы в прошлом, и их необычное поведение — на самом деле радостная встреча. Изучив документы слоних, люди поняли, что действительно обе слонихи работали вместе в одном и том же цирке 23 года назад! В то время Ширли была уже почтенная слониха 28-и лет. А Дженни тогда всего исполнилось четыре года. Предполагают, что Ширли взяла на себя заботу о Дженни, как мама-слониха о своем собственном слонёнке. И теперь, несмотря на 23-летнюю разлуку, Дженни и Ширли тут же узнали друг друга!

Неспроста говорят, что у слонов поразительная память. Писательница Агата Кристи даже написала книгу под названием «Слоны всё помнят». Что касается Дженни и Ширли, то их встреча в заповеднике произошла в 1999 году, и с тех пор они были неразлучны.

1. О чём говорится в тексте?

- О жизни и воссоединении слоних Ширли и Дженни.
- О цирковых приключениях слоних Ширли и Дженни.

2. Почему Ширли и Дженни перестали выступать в цирке?

- Потому что они не могли научиться цирковым трюкам.
- Потому что они обе повредили ногу.

3. Почему поведение Ширли и Дженни при встрече в заповеднике выглядело странным?

- Потому что обычно слоны настороженно относятся к незнакомцам, а Ширли и Дженни вели себя так, как будто они давно знакомы.
- Потому что Ширли и Дженни вели себя слишком агрессивно.

4. Как Ширли и Дженни встретились впервые?

- Впервые слонихи встретились во время кораблекрушения, и Дженни спасла Ширли, вытащив её из воды на сушу.
- Впервые слонихи встретились, когда работали в цирке; Ширли тогда начала заботиться о Дженни, как о собственном слонёнке.

5. Чем можно заменить слово «посчастливилось» в предложении «И вот наконец Ширли **посчастливилось** попасть в заповедник слонов, где она получит настоящую заботу»?

- развеселилась
- повезло

6. Какой вариант **противоположен** по значению к слову **«настороженно»** в предложении «Ведь обычно слоны относятся очень **настороженно** к незнакомцам»?

- бдительно
- безразлично

7. Вставьте пропущенные слова.

бдительными   упрощённые   настойчиво

- Урок по математике показался Инге весьма скучным, поскольку учитель в тот день предлагал решать лишь __________ задачи.
- Кота было невозможно не заметить, потому что он __________ тёрся о ноги и урчал.

- Родители учили своих детей быть __________ и следить, чтобы щенок не убежал.

Модуль 3.4

Четыреста лет назад корабли испанского флота направлялись к берегам Америки через Атлантический океан. На борту одного из кораблей священник Антонио де ла Асеньён был весьма встревожен. И дело было не в надвигающимся шторме. Почти всех моряков поразила загадочная и очень опасная болезнь. Такой напасти священник раньше не видел.

Прошли недели, и наконец корабли доплыли до берега. Изнеможденные моряки были рады добраться до суши, хотя они и не знали, сколько ещё продержатся с такой болезнью. На суше моряки увидели не обычное для них растение — кактус. Некоторые смельчаки даже отважились отведать плоды, которые росли на кактусе. Совсем скоро их самочувствие улучшилось. Другие моряки последовали их примеру и тоже начали есть плоды кактуса. Что случилось далее священник Антонио назвал чудом. «Моряки ели плоды кактуса, и спустя две недели они все выздоровели», — писал он.

Врачи называют болезнь, которая поразила моряков, цингой. Целые века люди не могли понять, что вызывает цингу. Люди заметили, если долго не есть овощей и фруктов, можно заболеть цингой. Это и случилось с моряками испанского флота, которые не видели фруктов и овощей долгие месяцы. В какой-то момент люди догадались брать с собой в долгие морские путешествия лимонный сок, который не портился на борту кораблей. Моряки добавляли лимонный сок в еду и напитки и больше не болели цингой. Несмотря на то, что проблему люди решили, они всё ещё не могли понять, что такого было в овощах и фруктах, что вылечивало людей от цинги.

Спустя примерно двести лет после путешествия моряков в Америку голландский учёный Христиан Эйкман изучал другую таинственную болезнь под названием «бери-бери». Бери-бери очень часто болели люди, жившие в странах, где употребляли в пищу много риса. Эйкман знал, что иногда бери-бери заболевают и курицы. Поэтому он изучал больных птиц в своей лаборатории в голландской колонии на территории современной Индонезии. Долгие годы он предполагал, что люди заболевают бери-бери из-за какой-то неизвестной бактерии.

Однажды в лаборатории Эйкмана случилось чудо: курицы выздоровели от бери-бери. Никакого нового лекарства курицам не давали. Однако выяснилось, что куриц стали кормить рисом, купленным из нового места. Раньше курицам давали остатки белого риса из кухни голландской армии. Но когда кухню возглавил новый повар, то он отказался отдавать рис курицам. Пришлось для птицы доставать необработанный рис, на котором ещё оставалась коричневатая оболочка. Тогда Эйкман предположил, что в оболочке риса содержалось какое-то вещество, которое было очень важно для здоровья.

Когда человек долго питался очищенным рисом, то он заболевал бери-бери из-за недостатка этого вещества.

Эйкман оказался прав. Когда в 18 веке научились очищать рис, то количество заболеваний повысилось. Оказалось, что красивый белый рис был намного менее полезный, чем неочищенный. Эйкман провёл множество опытов и выяснил, что вещество, отсутствие которого вызывает бери-бери, — это витамин В1.

Примерно в это же время венгерский учёный Альберт Сзент-Георгий выяснил, что цинга появляется при отсутствии витамина С.

Так люди открыли витамины. Витамины — это такие вещества, без которых человеческий организм не можем правильно работать. Всего существует 13 основных витаминов. Человеческому организму необходимы очень маленькое количество витаминов. Однако, если какого-то витамина не будет хватать, человек может серьёзно заболеть. Поэтому необходимо стараться питаться правильно, есть разные продукты, не забывая о фруктах, овощах и орехах. А Эйкман и Сзент-Георгий получили Нобелевскую премию за свои открытия.

1. О чём говорится в тексте?

- О болезнях и витаминах.
- О приключениях во время морских путешествий.

2. Отсутствие какого витамина вызывает бери-бери?

- витамин B1
- витамин C, потому что цинга и бери-бери — одна и та же болезнь.

3. Отсутствие какого витамины вызывает цингу?

- отсутствие множества витаминов
- отсутствие витамина C

4. Как нужно питаться, чтобы не случилось нехватки витаминов?

- Необходимо есть плоды кактусов и необработанный рис.
- Необходимо есть разные продукты, не забывая о фруктах, овощах и орехах.

5. Чем можно заменить слово «догадались» в предложении «В какой-то момент люди **догадались** брать с собой в долгие морские путешествия лимонный сок»?

- додумались
- договорились

6. Какой вариант **противоположен** по значению к слову **«изнеможденные»** в предложении **«Изнеможденные** моряки были рады добраться до суши, хотя они и не знали, сколько ещё продержатся с такой болезнью»?

- бодрые
- обессиленные

7. Вставьте пропущенные слова.

угляде́л   обладал   достойного

- Папа ___________ отменным чувством юмора и непрестанно нас смешил.
- Олень всё-таки ___________ охотника среди деревьев и поспешил скрыться в лесной гуще.
- После долгих переговоров было решено продолжить поиски ___________ кандидата на роль директора школы.

Модуль 3.5

Когда калифорнийский кондор расправляет крылья, то расстояние от кончика одного крыла до кончика второго может превысить девять с половиной футов. Если представить, что кондор оказался внутри вашего дома, то при полёте он может одновременно коснуться одним крылом пола, а вторым потолка! Это самая крупная летающая птица во всей Северной Америке. Калифорнийские кондоры могут дожить до шестидесяти лет. В молодом возрасте они выбирают себе партнёра, с которым уже не расстаются. Вместе со своим партнёром кондоры высиживают яйца и выхаживают птенцов.

Калифорнийские кондоры — санитары леса, или падальщики; они выполняют очень важную функцию в природе. Они питаются ослабленными, больными или умершими животными. Если бы они этого не делали, то в животном мире намного быстрее бы распространялись болезни.

Трудно поверить, что около сорока лет назад кондоры чуть не исчезли с лица Земли. К началу 1980-х их всего осталось 22 особи! Что же произошло?

Уже с 1950-х годов калифорнийский кондор попал под угрозу вымирания. К тому времени у кондоров резко уменьшилась среда обитания. Пространство, где кондоры жили тысячелетиями, люди или застроили, или стали использовать для сельского хозяйства.

Долгое время калифорнийским охотникам разрешалось использовать патроны, содержащие свинец. Свинец — это металл, который нужно использовать очень осторожно, так как он ядовит для человека и животных. Когда калифорнийский кондор находил подстреленных охотниками животных, то очень часто он проглатывал и свинцовые пули. Отравление свинцом стало настоящим бедствием для кондоров.

Другая напасть, настигшая кондоров, — химикат под названием «ДДТ». Люди стали использовать ДДТ для борьбы с некоторыми насекомыми, которые несут угрозу урожаю. ДДТ попадал в организм кондоров, когда они съедали мелких животных, уже отравленных этим веществом. Люди не сразу поняли, какой вред ДДТ может нанести кондорам. Дело в том, что из-за ДДТ скорлупа яиц кондоров получалась очень тонкой и хрупкой. Когда кондоры пытались высиживать свои яйца, скорлупа просто трескалась под тяжестью их тела.

Когда в 1980-х кондоров осталось всего 22 особи, учёные решились на рискованный шаг: выловить оставшихся птиц из опасной дикой среды и разводить их в неволе. Другого способа спасти этот вид птиц не было. Мало-помалу кондоры стали размножаться в неволе, и со временем учёные потихоньку стали выпускать птиц обратно на природу. К тому времени в сельском хозяйстве уже перестали использовать ДДТ, а свинцовые пули были запрещены. К 2021 году благодаря усилиям учёных, количество кондоров превысило 500 особей. Сегодня многие из них живут на природе. Этот вид всё ещё находится под угрозой исчезновения, но у калифорнийского кондора появилась надежда на будущее.

1. О чём говорится в тексте?

- О том, как калифорнийский кондор попал под угрозу исчезновения и об усилиях учёных спасти эту птицу.
- О том, как калифорнийский кондор повлиял на законы, регулирующие сельское хозяйство и охоту.

2. Какова функция калифорнийского кондора в природе?

- Калифорнийского кондора называют санитаром леса, потому что эта птица очищает природу от свинца и ДДТ.
- Калифорнийский кондор питается больными или умершими животными, предотвращая распространение инфекций и болезней в природе.

3. Какое воздействие оказывало вещество ДДТ на калифорнийского кондора?

- ДДТ делал скорлупы яиц калифорнийского кондора более плотными, и из-за этого у птенцов не получалось вылупиться.
- Из-за ДДТ скорлупа яиц калифорнийского кондора становилась слишком тонкой и ломалась при высиживании.

4. Каким образом удалось увеличить количество особей калифорнийского кондора с 22 до более 500?

- Исследователи извлекли особей калифорнийского кондора из природы, создав условия для их размножения в неволе; в определённый момент постепенно кондоров стали возвращать обратно на природу.
- Исследователи переселили кондоров в новую среду обитания, где риск отравления свинцом и ДДТ отсутствовал.

5. Чем можно заменить слово «пространство» в предложении «**Пространство**, где кондоры жили

тысячелетиями, люди или застроили, или стали использовать для сельского хозяйства»?

- воздух
- среду обитания

6. Какой вариант **противоположен** по значению к слову «**рискованный**» в предложении «Когда в 1980-х кондоров осталось всего 22 особи, учёные решились на **рискованный** шаг: выловить оставшихся птиц из опасной дикой среды и разводить их в неволе»?

- опасный
- проверенный

7. Вставьте пропущенные слова.

удача   уверенной   долгожданной

- Путешественникам наконец улыбнулась ___________, и они нашли дорогу в поселение.
- Ирина была нескончаемо рада ___________ посылке.
- Валентина была достаточно ___________ в себе девочкой.

Модуль 3.6

Сегодня одним нажатием кнопки мы можем отправить дружеское или деловое сообщение в любую точку планеты. Мы можем позвонить и услышать голос человека, даже если он находится за многие тысячи километров от нас. Мы проводим международные видео встречи с участием десятков людей из разных стран и разных часовых поясов.

Совсем по-другому проходило общение в те далёкие времена, когда не существовало электронной почты и телефона. Люди писали друг другу послания на бумаге или отправляли их через посыльных. Такие письма порой доходили до адресата месяцами. А что, если послание нужно было доставить срочно? Легенда об одном таком неотложном письме пришла к нам из Древней Греции.

В 490 году до нашей эры древние греки воевали с персами. Война была очень нелёгкой, и грекам приходилось прикладывать немало усилий, чтобы победить. И вот наконец после сражения у города Марафон греки одержали долгожданную победу. Тогда они решили отправить гонца в столицу, чтобы рассказать всем об этом радостном событии. Столица Греции Афины находилась примерно в 42 километрах от Марафона.

Воина по имени Фидиппид отправили в Афины срочно сообщить о победе. Победа над персами была таким важным событием для афинян, что Фидиппиду было приказано донести послание как можно скорее. Поэтому весь путь Фидиппид проделал бегом и по пути ни разу не остановился передохнуть. Для обычного человека пробежать такое расстояние без передышки практически невозможно. Когда Фидиппид прибыл в Афины, он успел сообщить о победе греков, но сразу после этого упал замертво.

Именно из этой легенды родился новый вид спорта под названием марафонский бег. Длина марафонской дистанции 42 километра 195 метров — расстояние между Марафоном и Афинами. Марафонские бегуны долго и методично тренируются к забегу, подготавливая организм к такой тяжёлой физической нагрузке; ведь никто не хочет, чтобы их постигла участь Фидиппида на финише. На данный момент быстрее всех это расстояние пробежал кенийский спортсмен Элиуд Кипчоге. Он смог преодолеть марафонскую дистанцию за два часа одну минуту и тридцать девять секунд!

Примечательно, что у марафонской легенды есть и другая версия. До нас она дошла в пересказе древнегреческого историка Геродота. Он писал, что Фидиппида отправили не в Афины, а в Спарту. Расстояние до Спарты было намного больше — 246 км! Этот древнегреческий город всегда славился своими воинами. Поэтому воевавшие с персами греки очень надеялись получить от спартанцев подкрепление, послав за помощью Фидиппида. По этой версии легенды Фидиппид провел в пути два дня. Всё это время он не ел и не спал, а только бежал без остановки. Оказавшись в Спарте, Фидиппид передал местным воинам сообщение от греков и тут же упал замертво от истощения.

Долгое время вторая версия считалась неправдоподобной. Казалось, что бежать два дня без остановки просто невозможно. Сегодня же существует особый вид спорта — ультрамарафон — при котором атлеты безостановочно бегут более суток. Ультрамарафон бывает на разные дистанции — 50 км, 100 км и даже больше. Спортсмен Дин Карнасис решил однажды пробежать ту же дистанцию, что и Фидиппид, — от Марафона до Спарты. Для этого ему понадобилось

35 часов. Как и в легенде про Фидиппида, во время всей дистанции Дин Карнасис ни разу не остановился передохнуть. К счастью, современный спортсмен остался жив, потому что был хорошо подготовлен к забегу. А легенда о том, мог ли действительно Фидиппид пробежать два дня без остановки, больше не кажется такой фантастической.

Сегодня нет необходимости бежать длинные дистанции, чтобы передать послания. Тем не менее люди продолжают бежать марафоны, потому что им нравится этот вид спорта, дающий возможность преодолевать себя.

1. О чём говорится в тексте?

- Об исторических войнах между спартанцами и афинянами.
- О легендах о марафонском беге.

2. С какой целью Фидиппид отправился в Афины согласно первой легенде?

- Фидиппиду было необходимо передать афинянам новость о победе над персами.
- Фидиппиду нужно было попросить афинян о подкреплении.

3. С какой целью Фидиппид отправился в Спарту согласно второй легенде?

- Фидиппиду было необходимо передать спартанцам новость о победе над персами.

- Фидиппиду нужно было попросить спартанцев о подкреплении.

4. С какой целью в современном мире люди пробегают марафоны?

- С целью передачи важных посланий.
- Людям нравится этот вид спорта и возможность преодолевать себя.

5. Чем можно заменить слово «подкрепление» в предложении «Поэтому воевавшие с персами греки очень надеялись получить от спартанцев подкрепление, послав за помощью Фидиппида»?

- подмога
- оружие

6. Какой вариант противоположен по значению к слову «неправдоподобной» в предложении «Долгое время вторая версия считалась неправдоподобной»?

- реальной
- фантастической

7. Вставьте пропущенные слова.

одержала   побить   соревнованиях

- Целых четыре года гимнастки со всего света упорно тренировались, желая __________ рекорды предыдущей олимпиады.

- Футбольная команда наконец ____________ победу в кубке города.
- В ____________ по прыжкам в длину приняли участие школьники со всех школ города.

Модуль 3.7

Секретный агент Антон был на задании. Задание заключалось в том, чтобы незаметно подобраться к роботу-пылесосу, понаблюдать за его работой, а потом сообщить об увиденном в штаб. Штаб располагался на кровати в комнате Антона. Чтобы добраться до робота-пылесоса, ему надо было пройти коридор, оставаясь незамеченным.

Короткими перебежками от двери до шкафа, а потом от шкафа до горшка с фикусом Антон смог добраться до середины коридора. Здесь он остановился, прячась за фикусом. Надо было передохнуть и проверить местоположение противника. Робот-пылесос продолжал свою работу, не догадываясь о слежке. Антон уже собирался двигаться дальше, как вдруг на полу, прямо у цветочного горшка заметил паучка. Тот беззаботно сидел на полу и шевелил лапками. Миссия осложнилась. Антон не мог бросить беззащитного паучка, и вообще гражданским не полагалось находиться в зоне ведения секретной операции.

— Господин Паук, — обратился к нему мальчик. — Вам следует немедленно покинуть территорию коридора. Лучше всего, спрячьтесь за плинтус. Я не могу сказать вам, в чём дело, но будет лучше, если вы послушаетесь моих указаний.

Паук не обращал на мальчика внимания и продолжал сидеть на полу.

— Господин Паук, вы не оказываете содействия. Ситуация может стать для вас крайне опасной, — Антон поднял голову и увидел, что робот-пылесос, закончив убирать в гостиной, направился в коридор.

Ситуация становилась всё напряжённее. Антон решил предпринять решительный шаг и слегка подтолкнул паучка в сторону плинтуса. Паук удивлённо качнулся и сделал ещё один шаг к стене.

— Отлично, — поддержал его секретный агент Антон. — Продолжайте двигаться в том же направлении, да побыстрей.

Но паучок вдруг остановился, возмущённо взмахнул лапками и двинулся в обратном направлении: прямо на середину коридора. Опытный секретный агент слегка занервничал. Он не мог открыть гражданскому лицу информацию о миссии, но и наблюдать за тем, как бедняжка-паук погибает от щёточек робота-пылесоса, он не мог.

Пока Антон пытался сообразить, как ему поступить, робот-пылесос оказался прямо рядом с ними. Секретный агент принял решение вступить в переговоры с пылесосом, но тут случилось непредвиденное. Когда пылесос подобрался совсем близко, паучок внезапно взмыл вверх, оставив чудовище с щётками ни с чем. Антон от удивления задрал голову вверх и заметил тонкую ниточку паутины, которую и использовал паук для своего манёвра.

— Оказывается, он тоже был агент на задании, — прошептал Антон. — Только настоящие агенты уходят таким способом.

1. О чём говорится в тексте?

- О мальчике, который играет в фантазию о секретных агентах на миссии, и его встрече с паучком.
- О мальчике, за которым следил паучок.

2. Какую цель поставил себе мальчик вначале своей игры?

- Мальчик собирался незаметно прокрасться к роботу-пылесосу и напасть на него.
- Мальчик собирался незаметно прокрасться к роботу-пылесосу и, понаблюдав за ним, собрать о нём информацию.

3. Почему мальчик остановился в коридоре при виде паучка?

- Мальчик хотел спасти паучка от робота-пылесоса.
- Мальчик боялся, что паучок привлечёт внимание робота-пылесоса и помешает миссии.

4. Почему мальчик решил, что паучок тоже является агентом?

- Потому что паучок был маленьким и ему было легче вести слежку незамеченным.
- Потому что мальчика очень впечатлила способность паучка быстро взмывать вверх, и в его фантазийной игре такими талантами обладали лишь специальные агенты.

5. Чем можно заменить слово «напряжённее» в предложении «Ситуация становилась всё **напряжённее**»?

- непонятнее
- серьёзнее

6. Какой вариант **противоположен** по значению к слову «**занервничал**» в предложении «Опытный секретный агент слегка **занервничал**»?

- успокоился
- заволновался

7. Вставьте пропущенные слова.

занятием   расплавился   уникальна

- Песня, которую написала моя подруга, была ___________ и ни на что не похожа.
- Решать уравнения было моим любимым ___________ на уроках математики.

- Забытый на столе шоколад ___________ на солнце.